【新装版】

日本人が知っておくべき

この国根幹の〈重大な歴史〉

加治将一　出口汪

まえがき

出口 汪

本書は衝撃的な内容である。

おそらく本書を読んだなら、興奮のために夜も眠れなくなるのではないか。

私の曾祖父は※出口王仁三郎《でぐちおにさぶろう》という人物で、父・※出口和明《やすあき》はその王仁三郎に取り憑かれ、生涯をかけてその伝記に取り組んだ。そして、王仁三郎を追いかけていく過程で、偶然にも孝明天皇の暗殺、明治天皇のすり替え、和宮の暗殺、※有栖《ありす》川宮熾仁親王《がわのみやたるひとしんのう》の自殺など、さまざまな驚くべき事実に出くわしたのである。

いや、果たしてそれらは事実だろうか？

私は常々世に信じられている歴史というものに懐疑の念を抱いている。なぜなら、それらの多くは勝者が自分の権利を正当化するために、都合良く再解釈をしたものにすぎないからだ。

今の近代史は、薩長史観《さっちょうしかん》にすぎない。

現に、戦前・戦中と戦後では、歴史はすっかり書き換えられている。

だから、中には敗者から見た歴史があっていいのではないか。滅ぼされた側の視点に立ったとき、意外と新たな真実が浮き上がってくることもある。

もちろん、それも一つの仮説にすぎず、絶対的な真実であるはずはない。

本書は偶然が生み出した。

たまたま加治将一《まさかず》著『幕末維新の暗号』（祥伝社）を読んでみて、私は目を見張った。加治さんと父との間には何の接点もなかったが、なんとその結論は見事に一致していたからだ。そこで、私は何とか加治さんと連絡を取ろうとした。そうやって、この対談は実現した。

歴史に絶対の真実はない。なぜなら、私たちは過去のそれを実際見たことも体験したこともないからだ。

私たちにできることはさまざまな資料を駆使して、本当は何があったのかを推理してみることでしかない。そこに、歴史の謎を解くおもしろさがある。だから、私が本書で語ったことが真実であると断言するつもりは毛頭ない。父が調べた史料をもとに、私自身の推理、本当にあったかもしれない可能性を語っただけである。

だが、歴史とは本来そのようなものであり、それゆえ、本書は推理小説を読むような、わくわくしたおもしろさを実感できるにちがいないと思う。

本書には何の思想的な意図もない。

登場するのは死者ばかりである。語ることのできない死者に対して、語ることのできる生者が彼らを解釈してきたのだが、その解釈が絶対である保証もなければ、恣意《しい》的に歪められていないという保証もない。

私はその死者たちを歴史的人物とし、新しい角度から新しい可能性を試みた。心がけたのは、なるべく客観的たらんとしたことだけである。

その結果、一つだけ間違いなく言えるのは、誰もが信じている歴史がいかに危ういものであったか、である。あまりにも矛盾に満ちていたり、あまりにも偏った解釈がなされすぎている。

繰り返すが、何が事実であったかは、今となっては当事者ではない限り、誰にもわからない。生者が死者について語れるのは、あくまで可能性だけである。

それなら、今まで誰もが疑いもしなかった歴史的事実とは異なる可能性を語ることは、それももう一方の歴史ではないのか。

案外その方がより真実に近いこともあるのではないかと、私は思う。

※出口王仁三郎

宗教家で、大本《おおもと》の教団確立者。旧名・上田喜《き》三郎《さぶろう》。大本開祖・出口なおの娘むことなり、教団と教理の確立に努め、なおの死後自ら愛善苑の苑主となった。１９２１年不敬罪などで投獄され、大本は結社禁止となったが、第２次大戦後に再建。『霊界物語』など著書多数。

※出口和明

昭和５年、出口王仁三郎の孫として出生。昭和10年、５歳のときに大本事件が起き、祖父・祖母・父らが入牢。旧制中学４年で家出し、１年間、北國新聞記者となる。昭和27年早稲田大学に入学したが、５年で中退。幾多の職業を遍歴。昭和38年『凶徒』で第２回オール讀物推理小説新人賞受賞。ペンネームは十和田龍。１９６９〜１９７１年にかけて全12巻の『大地の母』（毎日新聞社）を出版。平成14年６月18日没。

※有栖川宮熾仁親王

有栖川宮９代親王。幕末に攘夷論を主張したが、王政復古とともに総裁職に就任した。戊辰戦争のときの東征大総督で、のちに参謀総長などを歴任した。

【新装版】日本人が知っておくべきこの国根幹の《重大な歴史》 目次

第2章 フルベッキ写真の謎と明治天皇すり替え説を検証する

第3章 「王仁三郎＝有栖川宮のご落胤」説を検証する

第4章 大本弾圧と昭和の闇を暴く

第1章

日本開国の裏には驚愕の事実があった

龍馬は内ゲバで中岡慎太郎に斬り殺された？

編集部　「坂本龍馬を暗殺したのは誰か」についてはいまだにいろいろな説が出ていますね。

加治　京都に近江屋《おうみや》というしょうゆ屋があります。ここが龍馬殺害現場で、中岡慎太郎と2人でいたとされています。

通りを挟んで土佐藩邸。時は幕末、倒幕派が挙兵するかしないかという、本当に緊迫した状況です。

龍馬を殺した犯人は新撰組だというのが1つの見方で、もう1つは京都見廻《みまわり》組《ぐみ》。2つとも、反土佐勢力ですね。そういう人たちが本当に土佐藩邸のすぐ向かいに入ってこられるのか。

当然、縄張りがありますね。新撰組など入ってこられるわけがない。入ってきたら大体わかりますからね。

しかも、そこで斬り合った。今だったら自動車がガンガン走っているけれども、当時はテレビもラジオもないし、車も走っていない。静かです。

そこでワーッと叫んで斬り合ったら、通り向こうに聞こえるはずです。そこには土佐藩の門番がいます。

昔の家は断熱材が入っていないから、1階で話すと、壁の外から聞こえる。そのぐらい安普請《やすぶしん》だった。

だから、密談は全部2階でやるんです。例えば京都見廻組が殴り込んでワーッとやったら、大ごとになります。ところが、土佐藩はぴくりともしない。

しかも、第一発見者は峰吉《みねきち》という15歳か16歳の小僧でしてね。これはつくり話だと僕は思うけれども、歴史の口伝《くでん》では事

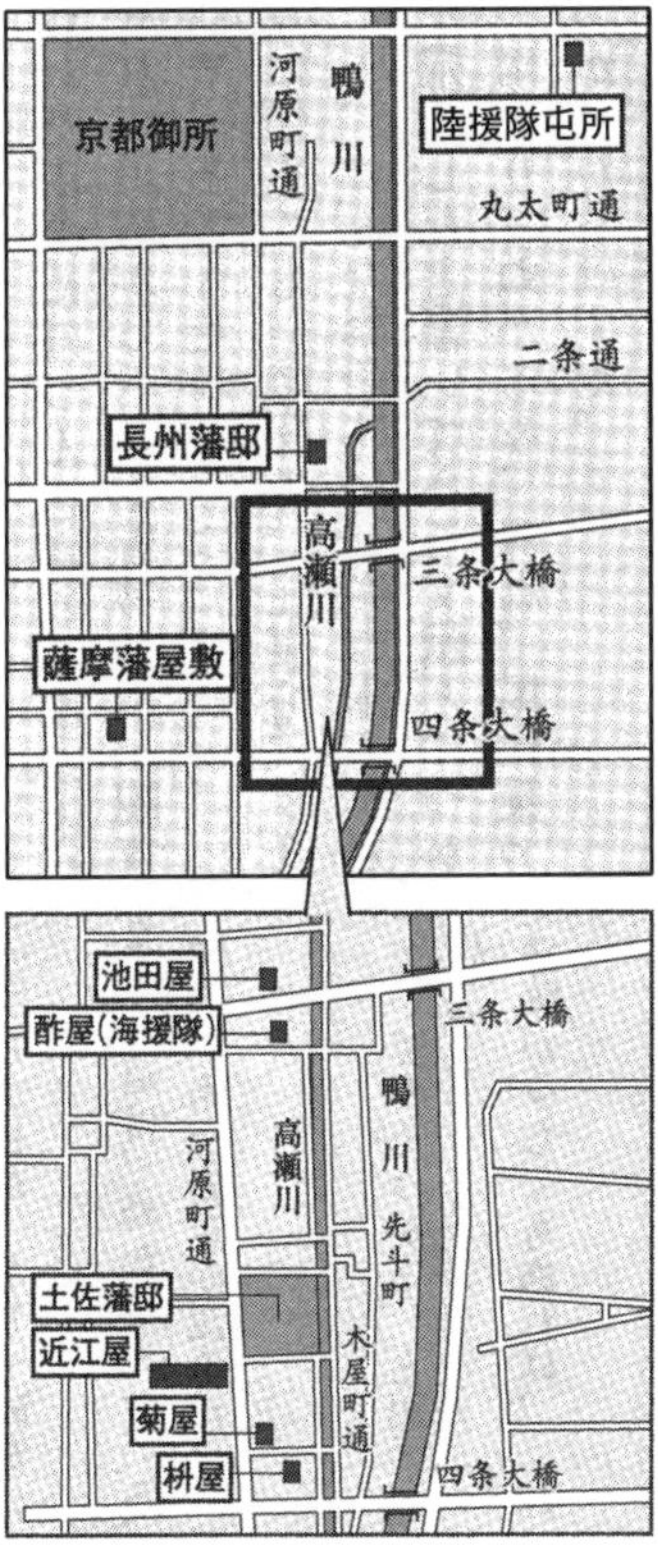

龍馬暗殺現場の周辺地図

実として次のように語られている。

小僧が夜の8時か9時に近江屋で、坂本龍馬にシャモを買ってきてくれないかと言われた。そんな夜遅くにシャモ屋が開いていますか（笑）。

峰吉が30分か1時間ぐらいしてシャモを買って帰ったら、みんな死んでいた。峰吉は、どういうわけか土佐藩邸に知らせに行かないで、ずっと離れた陸援隊屯《りくえんたいとん》所《しょ》まで走ったんです。

陸援隊※というのは海援隊の陸バージョンではありません。海援隊というのは商社的な機能を持っていたけれども、陸援隊というのは隊員３００人くらいの革命軍で過激派です。

※陸援隊
１８６７年、土佐藩士・中岡慎太郎が京都で組織した軍隊。藩主・山内豊信（容堂）を護衛する五十人組を起源とし、土佐藩の経済援助を受けて討幕運動に活躍した。

僕は龍馬暗殺の現場から、峰吉の行った陸援隊屯所までのコースを実際に歩いてみました。昼間の舗装道路でも50分ぐらいかかった。暗殺当時は12月半ばで、雨がシトシト降っていて寒い。

昔は舗装していないし、あたりは畑で、ぬかるみだから1時間以上かかる。着物姿の峰吉は、わざわざなんでそんなところまで行ったのか。隣の土佐藩邸に行けばいいじゃないですか。

しかも、歩いて10分くらいのところに坂本龍馬が隊長の海援隊があるんです。峰吉は海援隊には行かなかった。一番遠くにある陸援隊屯所に行った。一緒に殺された中岡慎太郎は陸援隊の隊長だったからとしても、これはおかしい。嘘だとわかります。

近江屋というのは土佐藩出入りのしょうゆ屋で、藩の御用達《ごようたし》。そこが暗殺現場です。近江屋の主人夫婦は、その後、20年ぐらい生きるんですが、この事件については一言もしゃべっていません。これも妙な話です。

例えば、新撰組がやりましたとか、こういう人だったと証言してもいいはずなのに、その記録がまったくない。

今、おかしな点をいくつか挙げましたが、世の歴史家や学者は、これらを不自然だとは思わないんです。そして、下手人は新撰組か、京都見廻組に決まっていると、ここで思考停止。

では、誰がやったのか？

土佐藩の陸援隊の隊長の中岡慎太郎が坂本龍馬を殺した内ゲバです。

僕は土佐に行って、内ゲバ説を言うと殴られるかなと思っていたんですが、皆さん大歓迎してくれて、「自分たちもおかしい、おかしいと思っていた。その説なら納得します。居酒屋で盛り上がれます。ありがとうございました」と言ってくれました。

倒幕や尊皇攘夷《じょうい》というのは一枚岩だと思っている人が多いけれども、実際にはそんなことはない。このとき、どういう状況だったのかというと、龍馬が暗殺される約半年前の6月23日（和暦では5月21日）に、「※薩土《さつと》密約」という密約が交わされている。

薩土密約というのは、薩摩藩と土佐藩の秘密条約ですが、共に挙兵して倒幕しようという、つまり両藩の過激派が、武力革命のための軍事態勢を整えたということです。

土佐藩のメンバーは陸援隊の中岡慎太郎、谷干城《たてき》、板垣退助で、薩摩藩のメンバーは西郷隆盛、小松帯刀《たてわき》、吉井幸輔などです。龍馬はいません。外されているんです。

その1カ月後の7月23日に、これとは真逆の「薩土盟約※」というのを結んでいる。薩土密約では挙兵して武力革命をしようと誓い合っていたんですが、その1カ月後に、今度は平和路線でいくという盟約を薩摩と土佐が結んでいる。

※薩土密約
1867年（慶応3）6月23日に、京都の小松帯刀邸で薩摩藩と土佐藩の実力者の間で交わされた、武力討幕のための軍事同盟。「薩土討幕の密約」とも。

※薩土盟約
1867年（慶応3）7月下旬、兵庫開港勅許の直後、薩摩藩討幕派の西郷隆盛・小松帯刀と、土佐藩公議政体派の坂本龍馬・後藤象二郎らの間に結ばれた政治協定で、王政復古と雄藩連合政権の樹立を掲げており、土佐上級武士の意見が強く反映されている。

こちらには坂本龍馬が出ている。相手は西郷隆盛、大久保利通。

すなわち、この平和同盟で反武力勢力を安心させ、封じ込めたわけですね。しかし陰では、岩倉具視たちは武力革命に突っ走っている。見事なもんです。

薩土盟約から5カ月後に、大政奉還が龍馬主導で成立。大政奉還というのは、幕府が政権を朝廷に返すということですから、武力革命の芽はなくなるんです。

あとは議会でやればいい。龍馬は議会へのシナリオもつくっていた。

ところが、あっと驚く、討幕の密勅《みっちょく》というウルトラCです。これはすごいですよ。大ドンデン返し、岩倉たちはこれで全部ひっくり返し、将軍・慶喜を処刑しろということですから。

坂本龍馬は意味がわからない。何を言っているんだ。平和革命をすればいいではないかとね。

いやいや、絶対に武力で倒幕しなきゃダメだ。なら土佐軍と幕府軍で対抗するぞ！　そこで出てきたのが同じ土佐藩の武闘派、中岡慎太郎らです。近江屋で最後の激論が交わされるわけです。

もし我々の意見が通らなければ龍馬を斬る、という覚悟を持って中岡慎太郎は会談に臨んでいた。慎太郎は実行の男です。

龍馬が暗殺されて、集まった人間は、土佐藩の連中が6人、薩摩からは吉井幸輔1人だけです。吉井幸輔は、挙兵倒幕の薩土密約のメンバーで大久保の手駒です。見届け人として来ていたのではないか。そうでも考えない限り、海援隊と陸援隊の隊長が殺された現場に、薩摩の武闘派の人間が1人いたというのは腑に落ちません。会談は決裂して、中岡慎太郎は龍馬を斬った。

中岡慎太郎が岩倉具視に宛てた手紙が残っている。それには「もしも土佐の兵隊を挙げられなかったら、俺は切腹します」と書いてある。ですから、慎太郎は命がけで龍馬を説得しに行った。

でも、龍馬は筋が通っている人ですから、「大政奉還でいいんだ。おまえらこそ間違っている」というふうな展開になる。

最初に駆けつけたという面々は、最初からいたんだと思います。最後の談判をしに押しかけたんでしょう。

ここにいた連中は明治政府になってから、土佐藩・谷干城は農商大臣になり、田中光顕《みつあき》は宮内大臣になってと、みんな驚くほど偉くなっている。要するに、**龍馬を斬るという一番の手柄を立てたから**です。

龍馬は、平和革命ということで、勝海舟《かつかいしゅう》を通じて徳川慶喜《よしのぶ》や将軍家とつながっていますから、幕府軍は坂本龍馬がいなくなるともうズタズタです。旗本八万騎と言われていたのに、鳥羽《とば》・伏見《ふしみ》で戦った幕府軍はたった３０００人とされている。

龍馬の死によって幕府軍は壊滅した。

では最大の謎ですが、**大政奉還したのに、彼らはなぜわざわざ兵を挙げなければならなかったのか？** そこがこれから本書で語るテーマと関わってきます。

坂本龍馬はフリーメイソンだったのか

編集部 坂本龍馬はフリーメイソン※だったという説がまことしやかに語られていますね。

加治 坂本龍馬がフリーメイソンだったかどうかは、記録に残っていません。フリーメイソンというのは世界的な秘密結社で、昔は、「自由・平等・友愛」の3つを旗頭にして、フランス革命とかアメリカの独立戦争の中心になって起こしてきたわけです。

※フリーメイソン
もともと自由と友愛を求め、18世紀初頭に結成されたとされる国際的な親善団体。中世の石工（メイソン）ギルドの流れをくみ、1717年ロンドンに結成されたのが始まりとされ、全ヨーロッパからアメリカに急速に広

がった。全世界に「ロッジ」と呼ばれる集会所を持ち、社会的地位の高い者たちで構成されていた秘密結社。石工の集まりに起源を持つとされているためか、徒弟制に類似した名称の階級が存在する。

フリーメイソンは当時ヨーロッパを支配していたカトリックはどうもおかしい、科学的ではないと考える人々で、学者とか科学者がメンバーにすごく多かった。科学と矛盾しない限りにおいて宗教を信じると考える合理的な唯物論者が多く、経済学者もいるので、金融がすごく発達してくる。電話もなければ何にもない時代に、今日の金相場なんて誰もわからないわけです。

各国政府とつながっているフリーメイソンのロッジ（集会所）が世界のあちこちにあるから、ロッジを通じて情報がどんどん伝わってくるわけで、とんでもない威力です。

金融資本家とセレブ組織。世界にまたがる情報網。この3つで、初期のフリーメイソンは大変な力を発揮しました。

編集部　それで銀行家などがメンバーになっているわけですね。

加治　フリーメイソンはまさに情報の中心だった。同じような世界的なコミュニティーはほかにありません。情報の独占です。

右＝アーネスト・サトウ（1869年、パリにて）、左＝パークス
岩倉使節団がなければ、彼らイギリス勢力は日本を支配していたかもしれない？

幕末の日本にフリーメイソンが入ってきたけれども、その頃のフリーメイソンというのは血気盛んな頃です。それで、一旗揚げようという連中が多数日本に来て、神戸のロッジあたりにたむろっていた。

坂本龍馬がフリーメイソンだったという証拠はないんですが、イギリスのアーネスト・サトウ※とグラバー※とパークス※は江戸幕府転覆《てんぷく》を途中から模索し始めるので、日本人のエージェントをつくらなければならないというのは当然頭にある。そういう目で見れば、薩長土肥《どひ》の横をつなぐフリーメイソン的な秘密結社が見えてきます。

※アーネスト・サトウ
イギリス公使館の通訳、工作員、駐日公使、駐清公使を務め、イギリスにおける日本学の基礎を築いた。日本名は佐藤愛之助

（または薩道愛之助）。日本滞在は計25年間に及んだ（1862〜1883年と、駐日公使としての1895〜1900年）。息子は植物学者の武田久吉。

※トーマス・ブレーク・グラバー
スコットランド出身の商人。武器商人として倒幕に加担、幕末の日本で活躍した。長崎にグラバー商会を設立して貿易業を営み、長崎に西洋式ドックを建設して造船の町としての礎を築くなど日本の近代化に大きく貢献した。維新後も日本に留まり、造幣局、キリンビールなどの立ち上げに加わる。

※ハリー・パークス
イギリスの外交官。1865年（慶応元）3月、駐日特命全権公使兼総領事に任命され、同年閏5月横浜に着任、アーネスト・サトウらを従え、18年間駐日英国公使を務めた。倒幕と近代日本の形成に強い影響を与え、列国にさきがけて新政府を承認したが、強圧的外交を展開した。

秘密結社なので、掟《おきて》とか秘密の暗号は必要です。フリーメイソンを相当参考にした、日本版のようなものであったと思うし、武力革命には絶対あってしかるべきだと思います。正式にフリーメイソンに入っていたかどうかは別にして、そのような意味で龍馬も秘密結社のメンバーでした。

出口　龍馬は土佐の脱藩浪士で、しかも侍の中でも一番身分の低い郷士《ごうし》でしたね。常識的に考えても、そういう人間が西郷隆盛や木戸孝允や勝海舟と自由に会えるというのは普通ではあり得ません。

特に勝海舟なんて幕府のトップクラスです。ということは、**龍馬のバックに少**

なくともイギリスがいたと考えるしかないのではないか。

龍馬は岩崎※弥太郎《やたろう》と一緒に武器を購入したりしていますが、突然大きなお金を薩摩が龍馬に貸すということはあり得ないですから、当然バックにイギリスの力があったと考えるのが普通ではないかという気はしますね。

岩崎弥太郎（国立国会図書館蔵）。龍馬とともにイギリスの指示で動いていたのか？

※岩崎弥太郎
明治初期の実業家で三菱財閥の創設者。父は土佐藩の郷士。藩船などの払い下げを受けて三菱商会を創立した。政府の保護により、独占的海運事業として発展した。

加治　イギリスが1人のエージェントにお金をあげたり貸す、政治や商業のシステムを教えるというのは、何らかの掟で縛らないと無理です。だから、龍馬も縛ろうとしたけれど、彼はどんどん平和路線、無血革命へはみ出していく。

秘密結社であるものの、つい撮ってしまったのが、例の※フルベッキ写真ではなかったかと思っているんです。

※フルベッキ写真
フルベッキ群像写真とも。オランダ出身でアメリカ・オランダ改革派教会から派遣された宣教師グイド・フルベッキとその子を囲み、上野彦馬のスタジオで撮影された46名の武士による集合写真のこと。

フリーメイソンのロッジが密談の場所として使われた？

出口 完全な空想ですが、幕府や薩長が対立を繰り返した中で、フリーメイソンのロッジというのは、対立する藩士同士が情報交換して密約するには非常に便利な場所ですよね。そこではみんな仲間だから、秘密は必ず守られることになります。

加治 アメリカの南北戦争当時はそうでした。昼間にドンパチやっているのに、夜になるとフリーメイソンは互いに会ってましたから。それから、暗号文もロッジを中継点とすれば簡単にやりとりできるという面では、すごく便利なんです。

出口 そこで天皇すり替え※とか、薩長同盟の密約とか、いろいろな話をした可能性は高いと思いますね。ロッジというのは、唯一、安心して味方でも敵でも話をできる場所ですからね。

※天皇すり替え
明治天皇が途中ですり替えられたという加治氏が『幕末維新の暗号』で力説した歴史。本書で詳しく論じられる。

加治 人との待ち合わせにも一番いい。昔は携帯電話がないから、例えば僕と出口さんが今度京都で会おうということになっても、どこに行ったらいいかわからない。

でも、京都ロッジで会おうと言えば、そこにセクレタリーがいて、伝言さえ残しておけば、「何日に行きますよ」ということで、すぐに会える。だから、昔のロッジというのは電話の役目も果たしていたし、宅配便のように物の受け渡しなど、情報活動の要でした。

出口 攘夷とずっと言ってきた維新の志士たちが突然開国派に転じたのはいいけれども、その後、薩長の藩閥政治になったときに、いきなり自由とか平等という概念を持ち出してくるわけですね。それがあまりにも早すぎるのではないかと、僕は不思議なんですね。

それはもしかすると、フリーメイソンの自由・平等・友愛という思想を、かなり植えつけられた可能性もあるかなと思います。そういうのがないと、頭の固い武士や公家たちが、なぜあんなにコロッと変われるのか、謎だったんです。

あくまでも仮定ですが、ロッジで情報交換が行われていたと考えると、話がすごくわかりやすくなりますね。

編集部　警察などにチェックされていて追われている人が秘密の話をするのに、あれほどいい場所はないですよね。ロッジに入ってしまえば治外法権みたいなものですからね。

出口　神戸など、外国の人が多く入ってきているところにありますからね。

加治　逃げ込む場所としても、便利。

出口　勝海舟の海軍の修練所みたいなものも神戸にありましたから、幕臣もそっと入ってくる可能性がありますよね。外では斬り合いをしていても、そこでは仲間だと。

加治　ロッジ内では藩の垣根が一切取り払われます。英国のケント公はずっと英国グランド・ロッジのグランド・マスターだったのですが、エリザベス女王が一度だけ訪問したとき、下座に置きましたね。

出口 藩の垣根が取り払われることが鍵になると僕は思っているんです。当時は身分制度もあり、国という概念よりも、例えば長州藩とか薩摩藩の藩士という意識が強かったわけですね。明治維新後に上に立った人は、ほとんど下級藩士です。

加治さんも本で書いていましたが、どちらにつくかで一歩間違うと滅びるわけですから、みんな外国の情報や薩摩や長州の情報は知りたくてしようがない。だから、下級藩士をどんどんスパイに仕立てて、彼らがいろいろなところで情報交換しているうちに、敵の藩士同士でも仲よくなってしまう。と同時に、彼らは秘密を全部持ち始めて、陰の力を持ってきたのではないかという気がするんですね。

その中で、もしかするとフリーメイソンのロッジも大きな役割を果たした可能性はありますね。

加治 スパイが敵のスパイを殺すというのは、よほどのことでなければあり得ませんね。なぜかというと、スパイを殺したら情報が入ってこなくなる。だから、スパイは敵、味方すごく親しくなるんです。ソ連のスパイとアメリカのスパイが仲よくなったのと一緒で、スパイ同士がくっついて、横のつながりがバーッとできる。

薩長土肥のスパイ連絡網があって、それをイギリスやアメリカのフリーメイソンの連中が最大限使っていた。こんなに早い話はない。

出口　グラバーがフリーメイソンだと仮定するならば、また話がすごくわかりやすくなると思うんです。当時、外国人がどんどん日本に入ってきたけれども、加治さんがおっしゃるように、一攫千金《いっかく》で金儲けをするためですね。中国ではアヘンを売ったけれども、日本で一番儲かるのは銃などの兵器と船ですね。

アメリカは南北戦争が終わって銃がいっぱい余っている。それを各藩が頭を下げて買いに来るわけですから、外国人にとってみれば、こんなにおいしい話はない。

真っ先にいい銃を買って強くなったのが薩摩藩です。イギリスやアメリカとしては両方をたきつけて、うまく戦争をしてくれたら、こんなにありがたいことはない。

戦争がなくても、戦争をするかもしれないと幕府や薩長が思えば、どんどん銃を買うわけですからね。グラバーなどがフリーメイソンのロッジに入っていると、戦争が始まるぞという情報をどんどん流しながら武器を売ったのではないかなという気がします。

ただし、直接はダメだから、まさにエージェントとして坂本龍馬などを使ってどんどんやっていく。

加治 あと、フリーメイソンのミステリアスな組織の存在を知らしめるというのは、プロパガンダとしてすごく有効だと思うんです。例えば、

「この組織がアメリカでもイギリスでも国を動かし、世界を動かしているんだ。おまえを入れてやるから、その代わり、おまえの藩を説得して武器を買わせろ。違う藩のあれを紹介してやる。ロッジで会ったら絶対安全だから、好きなように情報交換しろ。この組織に入れば、おまえは天下が取れる」

日本人なんてイエローモンキーだけど、この組織に入ったら白人扱いだ。そういうことがいくらでもできるんです。

戦後、マッカーサーが入ってきて、今上天皇の大甥で戦後初の総理大臣になった東久邇宮稔彦《ひがしくにのみやなるひこ》や鳩山一郎首相がフリーメイソンになったというのは、そういうことがすごくあったからでしょう？　地に落ちた日本を復興するには、どうも世界を動かしているらしき組織の力を借りる必要があり、しかも、現人神《あらひとがみ》をうち負かした大神、マッカーサーも入っている。

加入した方が絶対に得ですからね。だって、当時は朝日新聞の連中なども入っているんですよ。ちょっと頭の回転の速い人だったら、そっちに流れます。

編集部　カトリックが支配している国であれば、教会とかキリスト教がその役を担ったのかもしれない。しかし日本ではキリスト教があまり広まらなかったので、教会の代わりにフリーメイソンが情報網として非常に広がりやすかったという背景があったのかもしれませんね。

加治　秘密結社であるというのがミソなんです。人間って、秘密結社に惹かれるところがありますよね。だって、知りたいでしょう。

すごいパワーがあるのではないかとか。こういった神秘性は大変魅力的ですから、秘密は絆を強くします。

出口　ましてやスパイである下級藩士にしてみれば、秘密の情報が手に入るわけですから、みんな興味がありますよね。

加治　それで、ひょっとしたら藩主よりも偉い神のような英国の人と一足飛びに直結できて、「何なら英国に留学させるよ」なんて言われた日には、失神するほどの感激です。

出口　坂本龍馬は本当に下級の下級の藩士で脱藩した人物だけれども、それが「船中八策」を書きます。当時はそんな本があるわけでもないし、ああいうものをどこで学んだのか。

突然今の民主主義のようなことを提言していくなんて、普通はあり得ない。龍馬がいっぱい本を読んで勉強したということも全然聞いたことがないので、となると、誰かが教えたということになりますよね。

加治　龍馬が書いた変な英語の辞典みたいなのが残っていますね。「クリーニング＝洗濯」とか書いてある。

「刀の時代は古い、今はピストルの時代だ」と言っていて、次に会ったら、「ピストルはもう古くて万国公法だ」と言っている。万国公法はアーネスト・サトウが日本語に翻訳したと言われているけれども、こういう三段飛び感覚は、外国の密な組織に浸っていないと湧きませんね。

武士の世界は忠義ですよ。そんな中にいたら、万国公法なんて手に入るよしもないし、仮に手に入ったとしても、理解できませんよ。龍馬がフリーメイソンであるという証拠はないけれども、彼はフリーメイソンらしきものの中にはまっていたのではないかということは推測としては成り立ちます。

編集部　グラバーに紹介されて入ったんでしょうか。

加治　入るとしたら、グラバーか、パークスの紹介だろうね。フルベッキではないと思う。龍馬のラインはパークスで、過激派のアーネスト・サトウでもなかった。

龍馬はグラバーに見捨てられたので、暗殺された？

編集部 龍馬が暗殺されたのは、イギリス勢力やオランダ勢力の戦いの中で、用済みになって消されたということでしょうか。

加治 龍馬が武力革命に断固反対したからです。最終的に、土佐藩は武力革命派と無血革命派の2つに分かれていました。無血革命派の親分が龍馬と後藤象二郎、武力革命派の親分が中岡慎太郎です。土佐軍を握っていた板垣退助は途中でコロッと中岡に付く。

龍馬は内ゲバで中岡慎太郎に斬り殺されたというのが僕の説で、その話は先ほどしました。世界のサンプルを見ますと、反体制グループは、必ずといっていいくらい過激派と穏健派に割れ、内ゲバ状態になる。

でも、こうした僕の説はあまり浸透していなくて、いまだに犯人は京都見回り組、新撰組※ではないかなんて言われている。

土佐藩の無血革命派の親分が龍馬で、武力革命派の親分だった中岡慎太郎（1866年11月24日撮影）

出口　新撰組はあり得ないですよ。暗殺現場に新撰組のものとされる鞘《さや》が落ちていたと言われていますが、わざわざ証拠を残すなんて、不自然です。

中岡慎太郎は一緒に殺されているんですよね。ということは、相討ちみたいな形だったんでしょうか。

※新撰組
幕末期に結成された江戸幕府の警備隊。１８６３年、芹沢鴨《かも》ら浪士集団が京都守護職・松平容保《かたもり》の配下に取り立てられ新撰組を結成した。のち、近藤勇が局長、土方歳三が副長となって京都市中の尊皇派志士を取り締まった。

加治　僕は相討ちだったと思っています。

出口　当時、龍馬の存在が一番邪魔になったのは薩長だと思うんです。武力革命を強引にやろうと思っていたのに、無血革命に奔走《ほんそう》している龍馬は邪魔な存在に途中から変わっていきました。

加治 坂本龍馬と後藤象二郎が2人で頑張って、大政奉還という無血革命を成功させてしまった。

将軍の徳川慶喜を平和的に降ろし、天皇を担ぎ上げたわけですから、坂本龍馬は本当にスターだった。シンボルです。ところがぶち殺される。これで無血革命勢力はズタズタですよ。

だから、鳥羽・伏見の戦いで武力革命派は兵を挙げたけれども、無血革命派――つまり後藤象二郎や勝海舟はそれを阻止することができなかった。司令塔（坂本龍馬）がやられて命令系統が分断されて勝も慶喜も白旗を挙げて、武力派に従わざるを得なかった。どうにもなりません。

編集部 龍馬が暗殺されて、グラバーもショックを受けたでしょうね。

加治 いや、**グラバーはすでに龍馬を切り捨てていますよ**。グラバーもイギリスのアーネスト・サトウと一緒で、武力革命に加担して、新生日本に入り込む腹だった。

日本人だけの話し合いで革命を起こされたら、イギリス勢は主導権を失ってしまいますからね。

幕末には武器取引や謀議の舞台となったグラバー園の旧グラバー住宅

編集部　今もグラバー邸はありますが、あんなに重要な場所に、大きな家が建てられているというのは不思議議ですね。

加治　あそこは長崎港を全部見下ろせる軍事ポイントですが、外国人居留地区のような事実上の治外法権になっていた。イギリスの艦隊の乗組員がグラバー邸の庭にテントを張って寝泊まりしていたぐらいで、長崎奉行も立ち入れない。

編集部　グラバーは武器商人でした。

出口　あの時代は、江戸幕府が260〜270年続いて戦争がなかったから、ほとんどの武士は生まれたときから戦《いくさ》はもうないものだと思っていて、実質、竹光《たけみつ》（よく切れない刀）みたいなものしか持っていなかった。その中で長州と薩摩だけが、いずれ幕府を倒そうと思ってずっと鍛えていたわけだから、そりゃあむちゃくちゃ強いわけですね。

長州は、関ヶ原の戦いで負けて以来、何百年も恨みを引きずっていて、教育にも力を入れ、いつかは幕府を倒したいという一念で藩士を鍛えていた。薩摩は薩摩で、ずっと海外と貿易をやっていたので、最新式の銃がどんどん入ってきていた。

ほかの藩はほとんど戦をしたこともない武士ばかりで、戦う気もないわけだから、本当の武器を持って戦う気満々の薩長に勝てるわけがない。だから、いざとなればみんな逃げてしまう。そういう戦争ではなかったかと思うのです。

となると、武器を握っている商人の力は絶大で、どこの藩も尻尾を振って武器を買いに行ったと思います。

加治 グラバーの財力は100万石に匹敵したとも言われていますね。

出口 幕末に日本は欧米各国と不平等条約を交わしてしまったので、外国人たちを裁けないわけですから、やりたい放題ですよ。

※幕末に日本は欧米各国と不平等条約を交わしてしまった
江戸幕府が1858年（安政5）にアメリカ、イギリス、フランス、ロシア、オランダと結んだ通商条約（安政五カ国条約）は、①外国に治外法権（領事裁判権）を認め、外国人犯罪に日本の法律や裁判が適用されない、

②日本に関税自主権（輸入品にかかる関税を自由に決める権限）がなく、外国との協定税率に縛られている、③無条件かつ片務的な最恵国待遇条款を承認した、などの点で日本側にとって不利な不平等条約であった。

フルベッキのおかげで日本はイギリスの植民地にならなかった？

加治　宣教師のフルベッキはものすごく慎重で口の堅い男すぎて、僕はあまり好きになれない。こいつがちゃんと話していれば歴史はすごくわかりやすかったのに、一切語っていないんです（笑）。

自分の直属の上司であるM・フェリス牧師への手紙にも、今は何も言えないと書いている。手紙を引用すると、

「別便で送るのは、臨時の仕事（岩倉使節団）についての2つの書類の写しです。そのうちの、たとえ片方だけでも公開は絶対にできません。私がやっていることが明らかになればこの国での私の役目は終わりになります。（中

略）新聞に出ていることは表面的なことで、記載されない他の事柄が大変重要です」（傍点引用者）

なんて書いている。おまえは何なんだよ、これじゃスパイじゃないか、工作員じゃないかとツッコミたくなるけれども、最後まで口を閉じたまま死んでしまった。

明治政府を自分で回していたような感じがありますね。ただ、この人がいたから、日本はイギリスの植民地にならなかったと僕は思っているんです。

あのままでいったら、パークスとアーネスト・サトウが明治政府に対して強権を発動し、要所要所を固めていったのではないかという気がするんです。

イギリスを切り離してアメリカにシフトを変えさせたのは、フルベッキの功績です。

出口　前に加治さんと、有馬《ありま》（兵庫県）の隣にある三田《さんだ》藩主・九鬼《くき》家の菩提寺の※「心月院」に行ったことがあるのですが、そこにはものすごく大きな石碑があった。それには一番最初にフルベッキの名前が刻まれていて、フルベッキ写真に出

三田藩主・九鬼家の菩提寺・心月院内にある九鬼隆一の景慕碑

てきそうな人たちの名前がずらっと刻まれていた。あれも不思議でしたね。

加治　心月院には、白洲次郎と正子のお墓もあります。

※心月院
兵庫県三田市にある。1633年（寛永10）鳥羽より移封された九鬼氏が、家代々の宗廟として建立した。本尊は釈迦牟尼仏。旧三田藩主・九鬼家の菩提寺。位牌堂以外はすべて江戸時代の建物である。白洲次郎・正子、九鬼隆一など多数の墓がある。

出口　三田藩は地方の本当に小さな藩ですが、成功している人がいっぱい出ていますね。

加治　あれは偶然立ち寄ったんでしたっけ？

出口　いえ、その前に出口光（出口汪氏のはとこ。メキキの会会長）が見つけて、行ったらおもしろかったというので、加治さんをお連れしたんです。だから、白洲次郎が本書で話すようなことを知っていたかどうかわからないけれども、たぶん絡んでいるんでしょうね。

九鬼の藩主も絡んでいたから、あそこに石碑を建てたのではないかと思うんです。

編集部 フルベッキはすべてを動かしたけれども、グラバーはどこかの段階で外されてしまったんでしょうか。

加治 フルベッキがグラバーを外したんです。明治政府がグラバーを遠ざけた。グラバーは破算しますが、伊藤博文は金儲けが好きだから、しっかりとつながっていて、三菱財閥の相談役として活躍します。

編集部 グラバーは明治維新後も、いろいろな人とつながりがあったんですか。

出口 グラバーは商人だから、たぶん金儲けを優先して考えていたのではないかな。

編集部 同じフリーメイソンでも、グラバー派とフルベッキ派と2つに分かれて、敵対関係にあったんでしょうか。

加治 グラバーとフルベッキがフリーメイソンだったのかどうかはわからないよ。証拠があるわけではないから。もし仮に同じフリーメイソンであっても一枚岩とは限りません。

岩倉使節団はイギリスに支配されないための巧妙な策だった

加治　フルベッキはオランダ人で、若くしてアメリカに渡って、アメリカ国籍を取りたかった。けれども取れなかった。それで日本に来て、日本に骨を埋めるんです。

フルベッキが日本に果たした役割はすごく大きい。明治維新という革命を成功させたのはグラバーやアーネスト・サトウなどイギリス勢で、革命後、そのままいけば、日本はまだまだ力不足ですから、下手をするとイギリスの属国になりかねなかった。

ところが前座にすぎなかったフルベッキがぐっと出てくる。イギリスをライバル視し、ものすごく対抗して、それを防いでくれたという功績は大きいですよ。「岩倉使節団」※を提案したのもフルベッキです。当時の政府の中枢《ちゅうすう》をそっくり引き連れて、アメリカに行ってしまった。

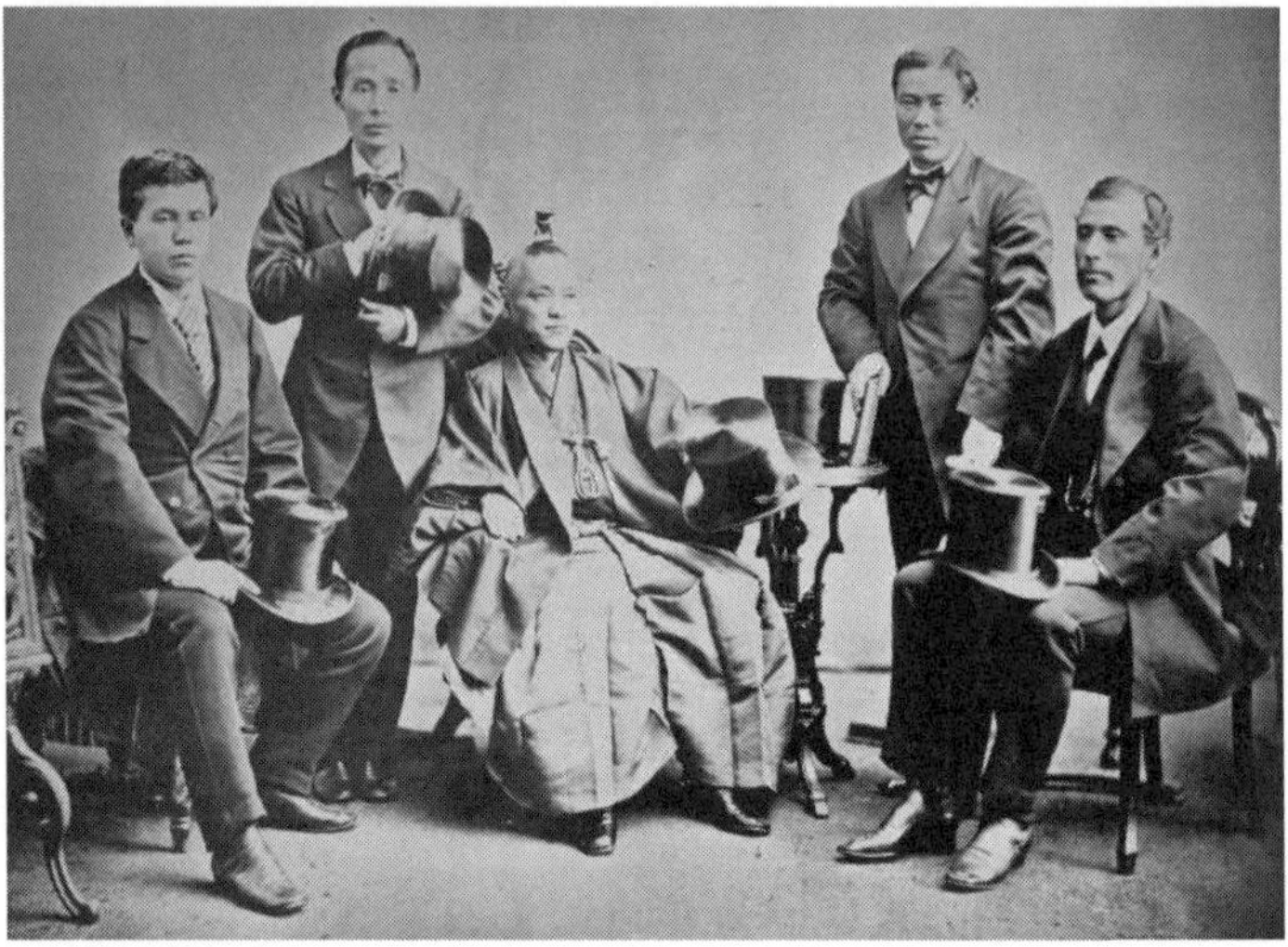

岩倉使節団に参加した左から木戸孝允、山口尚芳、岩倉具視、伊藤博文、大久保利通

イギリスはそれを見て、啞然《あぜん》とするわけです。これからイギリスが本腰を入れて国づくりをしようと思った矢先に、アメリカにごっそりとられてしまって、留守番役の政府には何の権限もない。

※岩倉使節団
明治政府が明治4年（1871）に欧米に派遣した特命全権大使・岩倉具視を中心とした政府トップによる使節団。岩倉以下、大久保利通・伊藤博文・木戸孝允ら107名がおよそ2年間、各国を歴訪した。その目的は①幕末に条約を結んだ国への新政府による国書の奉呈、②上記条約改正への予備交渉、③米欧各国の近代的制度・文物の調査・研究。②は果たせなかったので、①と③を遂行した。

アーネスト・サトウは日記に、「失望した。日本人というのはイギリスを利用するだけして、その後はアメリカにだまされて持っていかれた」という趣旨のことを書いています。

出口　きっとお互いに利用し、あるいはだまそうと思って化かし合いをしていたんでしょうね。

加治　外交というのはそんなものですよ。歴史問題とか北朝鮮の拉致事件とかいろいろあるけれども、結局は駆け引きです。

編集部　岩倉使節団は2年近く行っていて、その間、政治は長期間空白になるわけですね。

加治　岩倉は、このままだとイギリスに乗っ取られるという危機感を持っていて、自分は矢面に立ちたくないから行っちゃいました。そうじゃないと、英語もできない男たちが、アメリカだけで8カ月も滞在するなんて考えられない。

あの頃のアメリカのド田舎に1カ月いたら、頭がおかしくなるぐらい退屈すると思いますよ。ワシントンなんて、ビルが10個くらいあるぐらいで、あとは野原、何にもなかったんだから。

出口　ということは、**イギリスとの関係を切るために、みんなでアメリカに籠《ろう》城《じょう》したようなものでしょうね。**

加治　そう、そう、僕はそう思っています。

出口 そういう現実も歴史の授業で教えれば、子どもたちも歴史に興味を持つと思いますね。なぜそんな大胆なことをやったのかを、もっと子どもたちに考えさせないといけない。

加治 英仏の思惑は日本の植民地化にあった。しかしシナと違って思いのほか手ごわいし、タイミング的に、イギリスは植民地とか東洋に対する興味を失いつつあった時期なんですね。議会の関心はむしろ国内に向いていましたから、陸軍を送って占領しようという気はさらさらなかった。

結局、パークスもアーネスト・サトウも疲れて帰国した。

出口 ある意味では日本はラッキーだった。

加治 本当にラッキーだったと思います。

出口 その少し前まではイギリスはアヘン戦争※で、中国に対してすごいことをやっていますからね。その流れでいったら、日本はもっと小さい国だから、中国にやったことをやろうと思ったらできた可能性がある。

※アヘン戦争
アヘン禁輸を発端とする中国の清朝とイギリスとの戦争（1840～42）。清国は敗北して南京条約を結び、香港を割譲したほか、広東・上海など5港を開港させられた。ただし当時の清国は国としての機能はマヒ状態で、

上海や地方のボスはイギリスとのアヘン取引で莫大な利益を得ていた。

そして、アメリカは南北戦争が始まってしまっていた。そういう意味では、幕末というのは本当にラッキーだった。

加治 **強国というのがフッとなくなって、時代の神風が吹いたって感じです(笑)。それまではイギリスが強かったけれども、ツーッと手を引いてね。**

そうした大国のスキをついて、日本国はちゃんと独立できた。

出口 確かに世界的な流れでいっても、スペイン、ポルトガルの次にイギリスの時代が来て、イギリスが世界を征服する時期があった。その後はアメリカですが、南北戦争が始まって、国内にしか目を向けられなくなってしまった。

繰り返しになるけど、幕末というのは、本当に絶妙なタイミングだった。

加治 イギリスはビクトリア女王の時代に版図《はんと》を一番広げたけれども、明治維新の4~5年前から、国力が衰え、アジアに対しても興味を失っていくんです。

例えば薩英戦争のときに、イギリスの艦隊が薩摩の街をあっという間に焼き払ったことが、虐殺ではないかと議会で問題になり、艦隊の司令官を召喚《しょうかん》するところまでいっている。それを知っていたので、パークスもアーネスト・サトウも、おおっぴらに軍事力でもって革命を応援してはいけない、あくまでも日本人同士でやらせないといけないという方針を貫いた。

出口　一歩間違って時期がもう少し早かったら、日本を舞台に欧米列強の植民地分捕り合戦になった可能性があったわけですね。

加治　**イギリスとフランスとロシアとアメリカで、日本を4つに分けていたかもしれない。**

出口　幕府の肩を持つわけではないけれども、井伊直弼《いいなおすけ》などに、その辺の危機意識はあったのかもしれませんね。新政府側の人たちは攘夷、攘夷と叫んでいたけれど、本当に攘夷が決行されていたら、日本は分断されていた可能性がありますね。

加治　岩倉具視や大久保利通は悪役とされることが多いけれども、あの時代、あの作戦でよかったのではないか。イギリスの力を借りて封建社会をぶっ壊し、今度はアメリカの力を借りて、イギリスを遠ざけた。結果的にあれで日本は助かったと思うんです。

例えば、伊藤博文あたりが明治政府の主導権を持って、イギリスべったりでやっていったら、本当に上海《シャンハイ》みたいになってしまったのではないか。

出口 それにしても、アメリカにみんなで逃げるというのは、すごい発想ですよね。たぶんフルベッキが提案したのだと思うけれども。岩倉具視というのは、貴族の出なのに、すごい策士ですよね。

加治 とんでもないやつです（笑）。

出口 ある意味では頭がよかったのでしょうね。

加治 天才ですよ。頑固だし、シャープだし。今、そんな政治家がほしい（笑）。

岩倉使節団に天皇も同行していたかもしれない？

加治 日本が自由貿易の国になれば、横浜、神戸、長崎のフリーメイソンのメンバーは儲かりますね、ほぼ貿易商ですから。したがって、フリーメイソンとしては率先して加担しましょうとなる。

岩倉使節団とフリーメイソンの部分は、僕は想像をふくらませフィクションっぽくしましたが※、岩倉使節団がワシントンのメソニック（フリーメイソン）ロッジに入っていることはまぎれもない事実で、記録に残っている。だから、日本のエリートたちがごっそりとあそこでフリーメイソンに入ったという空想が、どうしても湧いてくるんです。

※フィクションっぽくしました
加治将一著『幕末　戦慄の絆』（祥伝社）のこと。


加入した証拠はありませんよ。捜してもいませんが。

ただ、8カ月という異常な長期間ワシントンに滞在しているのは奇妙です。当時のワシントンは何もなくて、半日も観光したら終わりますからね。

英語の勉強でもしていたのかと思ったけれども、考えてみたら、フリーメイソンなら教育と試験で、8カ月ぐらいは必要だなと思って。

出口　日本が激動の時期で、今の平和な時期に留学するのとは全然違う感覚だったでしょうね。いても立ってもいられないような状況の中で、8カ月もいたわけですからね。

加治　これも僕の空想ですが、**ひょっとしたら天皇を連れていったのではないか**と思うのですよ。『幕末　戦慄の絆』にも書きましたが、途中で大久保利通と伊藤博文が、[※]委任状を忘れたとか言って日本に帰るんです。あれは絶対おかしい。何のための委任状なのか。

※大久保利通と伊藤博文が、委任状を忘れたとか言って
　使節団一行は1872年（明治5）1月に米国ワシントンに到着するとグラント大統領、フィッシュ国務長官と面談し、不平等条約改正の交渉をしようとしたが、予備的な条約改正交渉で、使節団が条約交渉の全権委任状を持ってこなかった点をアメリカ政府側に指摘されてしまう。そこで使節団は、大久保利通・伊藤博文の両副使を急きょ日本に帰国させ、全権委任状を持ってこさせることにした。しかし帰国後は日本で反対に遭い、大久保・伊藤は米国に手ぶらで戻り、交渉は中止になる。

ただ「条約の書き換えができるかもしれない」という憶測だけです。希望的憶測で天皇の委任状が必要だから、俺たちが取りに帰ると言って、日本政府のトップ2人が命懸けで1カ月ぐらいかけて太平洋を渡り、何カ月か日本にいて、また2人で戻ってくる。

もう一度言いますが、本契約じゃない。仮契約のためにです。ならば、天皇の委任状は必要ない。全権大使の岩倉具視の署名で十分ですよ。なにせ全権大使ですから。僕はあの行動がまったくわからない。

だから、ひょっとしたら、天皇を最初に連れていって、用事が済んだので日本に2人で送り届けたか、逆に、2人で天皇を連れていくために帰ってきたか、どちらかではないかと思っているのです。

だって、ハンコをもらいに大久保と伊藤博文という超大物が太平洋を往復します?

出口 委任状云々というのは、僕もよくわからなかったですね。

加治 不平等条約を直すといったら、まずたたき台でしょうけれども、そのたたき台だって誰も見ていないんです。下原稿すら存在しない段階で、委任状を取りに行くためにわざわざ大御所が一時帰国するというのはあり得ない。

出口 それを日本に戻って取ってこいとは、まず言わないだろうし、もし重要なものでどうしても必要だったら、前もって委任状のことは言っておくはずですね。

加治　で、結局、何にもやらなかった。

出口　やはり委任状は口実だと思いますね。

編集部　すり替えられた後の明治天皇を紹介しに行ったとか、事情を説明しに行ったとか？

加治　これは空想のしすぎかもわからないけれども、**フリーメイソンの儀式を受けさせようとしたか、本当に受けてしまったのか。**空想を広げれば、そこまでいってしまう。

編集部　天皇をフリーメイソンに入会させれば、日本はフリーメイソンの影響力がすごく大きくなるから、フリーメイソンはそれを狙いますよね。

第1章のポイント

・坂本龍馬が殺されたのは中岡慎太郎による内ゲバ
・龍馬がフリーメイソンだった証拠はないが、イギリスの幕府転覆を狙うグループのエージェントだった可能性が高い
・フルベッキのアイディアで岩倉使節団が渡米した結果、イギリスに支配されずに済んだ
・岩倉使節団に天皇もついていって、メイソンの儀式を受けたかもしれない？

第2章

フルベッキ写真の謎と明治天皇すり替え説を検証する

フルベッキ写真に写った人物はどこまで特定できているか

編集部 先ほどフルベッキ写真の話が出ましたが、あれは合成写真だという説もありますね。

加治 「46人撮り」ですね。写真家が全部調べて、合成は100パーセントあり得ないと断言する本物です。

出口 あの写真は、ある意味で血判状のような役割を果たしたのではないかと思います。どういうことかというと、あとで話が出ると思いますが、写真にはのちに睦仁《むつひと》親王（孝明天皇の息子）に取って代わって明治天皇になったとの説がある大室寅之祐《おおむろとらのすけ》とみなされた人物が写っている。

真ん中にいる少年が大室寅之祐だとするならば、一緒に写っている連中はみんなそれを知っているわけですね。彼がこれから行う「陰謀」に加担したという証拠写真にもなるわけで、そういう意味で血判状に代わるものだと思うのです。

つまり、「一緒に写ったからには知らないとは言わせないぞ」と一緒に写った人たちに迫って誓わせたのではないか。

加治　K大学にいたTという、俺が本を出すと、浅はかな作家がどうのこうのとアマゾンのレビューなんかにボロクソ書くのがいる。そこまでやるかと思うぐらい、偏執狂じみた人です（笑）。

僕と会ったときには何にも言わなくて、ニコニコ笑いながら「よくあそこまで考えましたね」とか言うんだけど、あちこちで、加治はトンデモ作家で、でたらめだと悪口ざんまいです。

この男はフルベッキ写真は佐賀藩の生徒で、大半は特定していると言います。じゃあ、フルベッキと一緒にど真ん中に座っている白い服を着た肝心要の中央の子は佐賀藩の誰なんだと聞くと、答えられない。

「それに答えてから反論してくれ」ですな。

それと、長崎の上野彦馬《ひこま》の撮影所で明治何年に撮ったと断言している。しかし場所は特定できない。上野彦馬はこのスタジオを持っていたと主張するだけで、場所も不明。上野彦馬の子孫すらわかってないのですよ。

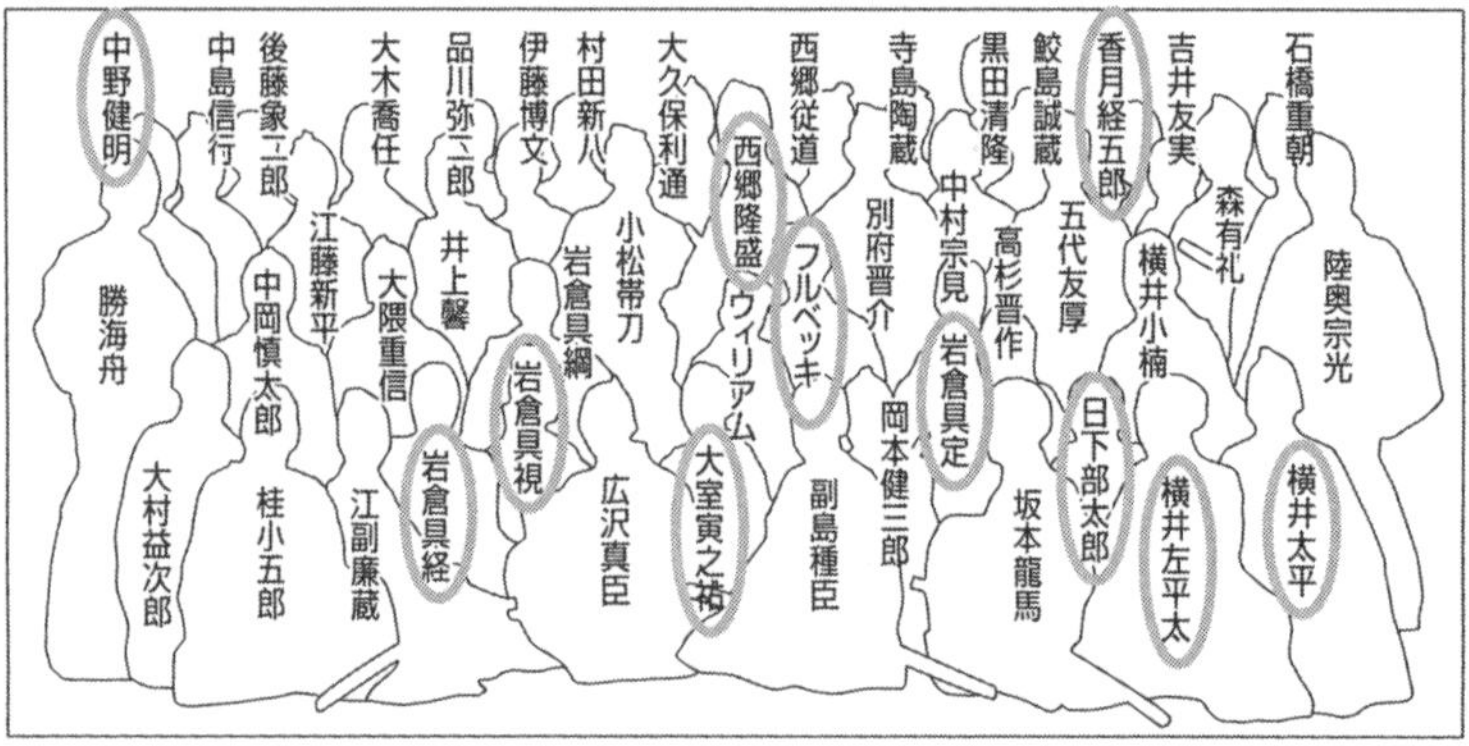

石橋重朝
吉井友実
香月経五郎
鮫島誠蔵
黒田清隆
寺島陶蔵
西郷従道
大久保利通
村田新八
伊藤博文
品川弥二郎
大木喬任
後藤象二郎
中島信行
中野健明
森有礼
陸奥宗光
横井小楠
五代友厚
高杉晋作
中村宗見
別府晋介
フルベッキ
西郷隆盛
ウィリアム
小松帯刀
岩倉具綱
井上馨
大隈重信
江藤新平
中岡慎太郎
勝海舟
横井太平
横井左平太
日下部太郎
坂本龍馬
岩倉具定
岡本健三郎
副島種臣
大室寅之祐
広沢真臣
岩倉具視
岩倉具経
江副廉蔵
桂小五郎
大村益次郎

これが今やすっかり有名になったフルベッキ写真（46人撮り写真）

集合写真と同じ場所で撮ったのは、全部で3枚。「46人撮り」以外の写真の人物は、ほぼ特定されています。

「24人撮り」写真の方は佐賀藩の連中で、3名を除き、全員わかっている。でも、「46人撮り」については3分の1ぐらいしかわからない。

僕は、フルベッキの左上にいる人物は西郷隆盛だし、フルベッキの右の方にいるのは高杉晋作だと思っています。

出口 24人写真と13人写真があるというのも、加治さんの本で初めて知りました。フルベッキ集合写真だけは有名ですけどね。

編集部 この集合写真が、1895年（明治28）の雑誌『太陽』や1907年（明治40）の『開国五十年史』（大隈重信監修）、1914年（大正3）の『江藤南白《なんぱく》』と、何冊もの本で紹介されているというのも、加治さんの本で初めて知りました。

加治 「46人撮り」は、実際、政府によって回収されているんです。どうでもよい写真なら回収しません。都合が悪いから回収したのです。

出口 この写真は、やはり時期がポイントですよね。真ん中が大室寅之祐だと

上／「24人撮り」写真に写っている人物は3人を除いてわかっていると加治氏は言う（写真は長崎歴史文化博物館「広運館教師フルベッキ東京へ出発ノ時ノ記念写真」より）。右／幕末から明治時代にかけて活動した日本における最初期の写真家だった上野彦馬（1838〜1904）。彼は日本で最初の戦場カメラマン（従軍カメラマン）としても知られる

すると、まだ少年ですよね。

加治　14歳ぐらい。

僕は、フルベッキの左上にいるのが西郷隆盛だと特定しています。「13人撮り」と「46人撮り」の大男は骨相学的に同一人物だと言われていて、「13人撮り」の他の連中は薩摩の連中だというのははっきりしている。「13人撮り」の真ん中のは島津久光の次男坊の久治《ひさはる》です。1863年（文久3）に薩英戦争が起こったときには実兄の代理として鹿児島藩海軍のトップとして指揮に当たっており、そうすると、「13人撮り」は薩英戦争の事後処理で、長崎で米国の軍船上で講和を結んだときの記念写真だというのは、ぴったりなんですね。

1864年12月と特定されていて、「通訳、グラバー」と書いてある。

西郷[※]はもっと太っているのではという人がいますが、このときは沖永良部島《おきのえらぶ》から帰って間もなくで、ガリガリに痩せていました。

※西郷は……沖永良部島から帰って間もなくで
　第13代将軍・徳川家定の後継争いに、薩摩藩主・島津斉彬《なりあきら》が推していた一橋派が敗れたため、大老・井伊直弼は敗れた一橋派の弾圧を始めた。幕政の改革をはかった西郷らは幕府の追及を受ける身となり、薩摩藩は、西郷を幕府の目から隠すべく、西郷の職を免じ、約3年間、奄美大島へ潜伏させる。3年後に薩摩に帰った西郷は、斉彬に代わって藩の実権を握っている久光と反りが合わず、今度は徳之島へ流され、さらに沖永良部島遠島が命

「13人撮り」写真。加治氏によると、矢印が島津久治

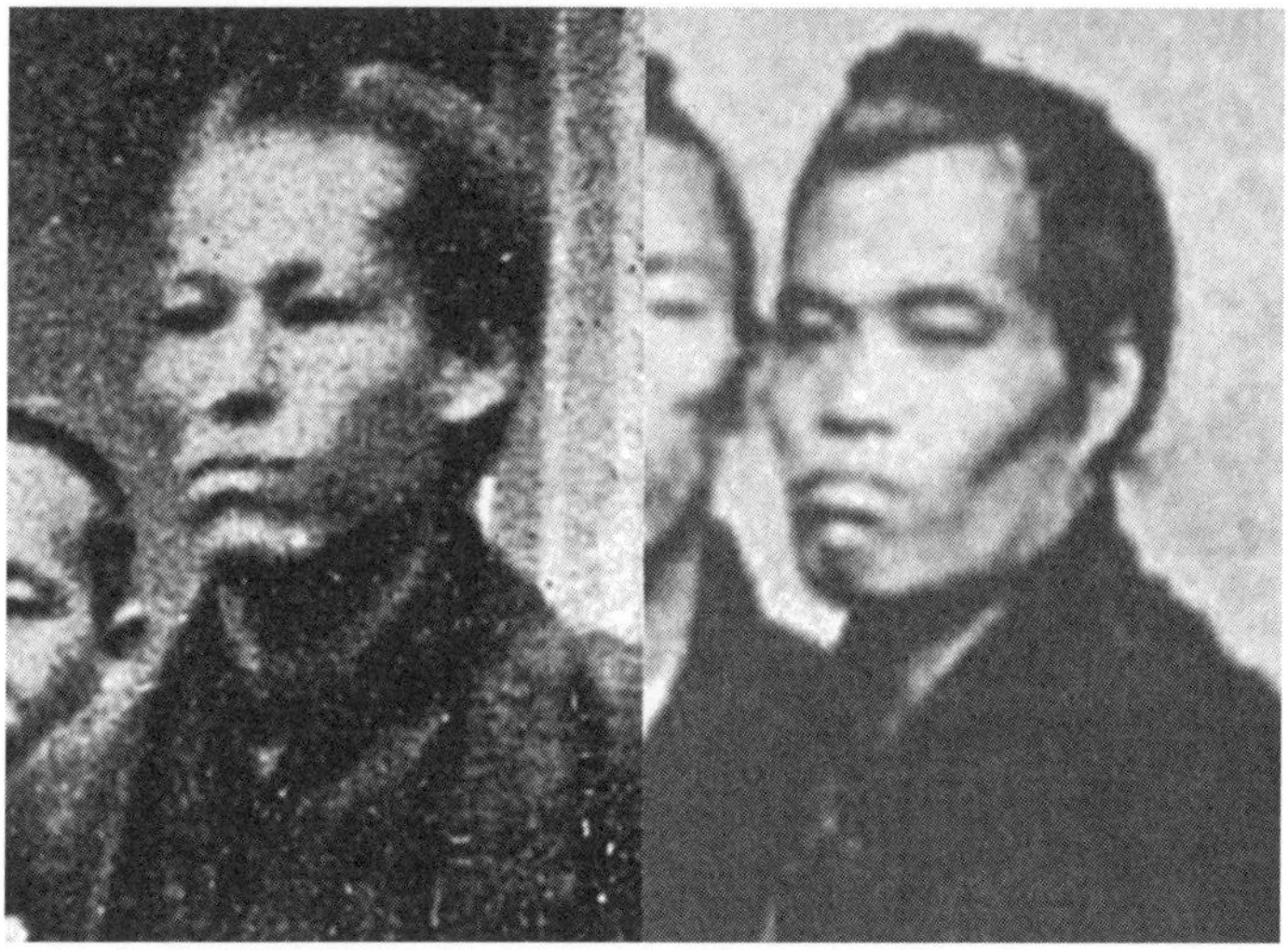

右が「46人撮り」写真の西郷隆盛とされる人物。左が「13人撮り」の右端の大男

右は洋装の明治天皇（内田九一撮影）、左は「46人撮り」写真の中央に写った大室寅之祐とされる人物。口から顎にかけてのラインも耳もよく似ている

ぜられる。結局、西郷隆盛は奄美諸島の島々で江戸時代末期の5年間を過ごし、元治元年（1864）2月28日、鹿児島に戻った。

編集部　「13人撮り」が先で、「46人撮り」が後ということですね。

加治　少し後ですが、でも、1年も離れていないと思います。

出口　仮に真ん中の少年が大室寅之祐だとすると、この時点では完全に天皇すり替えの密約ができていたということですね。

加治　写真を比べると、ここに写っている大室寅之祐の顔と明治天皇の顔は、口から顎にかけても同じ、耳も同じです。

うまい具合に同じ角度で撮れているから、比較しやすいでしょう？　迷うという人は、同じサラブレッドを見ても、1頭はロバだと言い張るくらいの判断力しかない(笑)。

天皇はどこから来たか

加治 日本の歴史というのは、渡来人の歴史ですね。3世紀になって相当な武器と政治力を持った集団がいくつもやってきた。

新大陸と言われたアメリカと同じですよ。大陸に来た西欧人は、イギリス、フランス、イタリア、ロシア、ユダヤ……それぞれコミュニティーを持ち、互いにぶつかりながらもアメリカン・インディアンを取り込みながら駆逐していったのです。これと同じような征服劇が、2000年ぐらい前から日本列島でも起こり始める。

日本の言語が非常に難解で、周辺のどの国の言語とも違うのは、そこに理由がある。つまり、まず一大勢力が全部を征服したのではなくて、大陸や半島からやってきた部族が地方に住みつき、多くの原住民を呑み込み小さな国をつくる。

父親のわからない子どもは母、すなわち原住民に育てられますね。したがって子どもの話す言葉は母親の使う現地語です。わっと増え、戦闘員に駆り出される。

要するに渡来人の多くは男の武装集団ですから女は現地調達で、生まれた子どもはみな現地語を話すんですな。

そうした小国家が連合する。それが一定勢力になったときに、**さらにもっとすごい勢力がやってきてヤマトを奪い、天皇と名乗った。**

しかし、あくまでも基盤は圧倒的多数の原地人との混血兵士を従えた部族連合というイメージです。

まず、日本の歴史から天皇を外したら歴史にならないので天皇の話をしますが、非常にすぐれた統治システムです。渡来人であったため、自分は神と直結していると言い張らないと、ほかの民族が従わない。

「俺は○○の民族だ、おまえらは従え」と言うとほかの部族が反発します。「神の血を引いている」と言って尊敬を勝ち取る必要があった。

ギリシャ時代あたりから、支配者というのはずっとそういうふうにしてやってきているんです。

例えば古代チャイナは、少数民族が何百といる広大な大陸を統率する1つのシステムとして、皇帝を発明した。「私は特別だ。あなたたちも選ばれた民族だから、特別な皇帝の下で仲よく団結し、周辺の蛮族と闘うのです」というわけですね。

そのシステムが途中からそっくり日本に伝わって、日本はそれを模倣したんです。本当にすぐれたノウハウで、神とつながっていることがポイントですね。

もっともチャイナでは徳のある人物が天命を受けて皇帝となります。徳がなくなれば、命《めい》を革《あらた》める、つまり革命が起き、支配者が替わります。人や国が交代するだけではなく、社会の構造そのものが根底から引っくり返る。文字通り革命なのです。

ところが日本は違う。天命より血脈です。血のつながりが大きい。一番手っ取り早いのが成りすましです。

言語の違う民族を従えなければいけないので、天皇は民衆に直接話しかけない。

話せば、なんだただの渡来蛮族じゃねえか、なんてバレちゃうわけで、普通のおじさんじゃないぞ、と神秘のベールで覆うためにも、話さない。

また、顔で他民族だとわかってしまうので、天皇は化粧をして、民衆は天皇の顔を見てはならないということになっていったわけです。

出口 言われてみれば、確かに天皇はずっと姿を見せなくて、面会も御簾《みす》越しにやっていたし、直接話しかけるのではありません。側近の貴族に耳打ちをして、その人が天皇に代わって話す。

これはかなり特殊だと思うのですが、そういうことをずっとやってきているのですね。

加治 高貴な人は直接話さないというのは後からの理由づけであって、実際には現地語が話せなかった。それで隣にいる通訳にこっそりしゃべっていた。

そういうやり方をすれば、天皇がすり替わってもわかりません。だから、天皇がすり替えられたり、暗殺されたりということは、いくらでも起こります。起こらない方がおかしい。

編集部 ほかからやってきて天皇を名乗った勢力は、一説によると、ユダヤとか中東の方から来たんじゃないかとも言われていますが、特定はできないんでしょうか。

加治 天皇の特定はできていないんですが、日本人の血液を調べたら中東のDNAが多くの人に混じっていて、朝鮮半島の人たちは中東のDNAが非常に少ない。それで、朝鮮半島の人たちと日本民族は違うぞという話になったんです。

中東といえば、チャイナの「臨淄《りんし》」や「開封《かいほう》」が有名ですね。お墓から紀元前500年くらいの人骨がいっぱい出てきたので調べたら、完全に中東の連中やユダヤ系なんです。

今のチャイナ政府はそれを公表しないけれども、ユダヤ教にまつわる副葬品のようなものも出てきている。僕も発掘調査した人を取材し、本を読ませてもらいました。

実は、孔子はその近くの出身なんですね。身長が2メートル近い大巨人だったので、ひょっとすると中東かユダヤの人ではないか。

日本語では「こうし」と読みますが、シナ語では「コンスゥ」と読むんです。ユダヤ教で祭司のことをそれに近い音の「コーヘン」と言います。孔子の言っていることは結構ユダヤ教に近いのではないか。

編集部 徐福《じょふく》（秦の始皇帝の命で童男童女数千人を連れて、不死の薬を探しに日本に来たとされる方士）もユダヤ系だったのではないかという説がありますね。

出口 あの時代はもちろん交通機関もないので、中近東から中国、さらに海を渡って日本に来るのは大変だったでしょうから、ものすごい年月をかけて、徐々に民族が入ってきたんじゃないかという気がしますね。

加治 漢の時代に（166年）、ローマ皇帝安敦《アントン》（マルクス・アウエリウス・アントニウス）の遣いが来たという記録が残っています。

馬もラクダも活躍しています。紀元前からの移動手段ですから、漢の時代に来られるのだったら、紀元前でも来られます。盗賊に遭わなければね。

さらに船で沿岸を渡ってくる方法もあります。

編集部 エジプトのスフィンクスが中国に伝わって獅子像になり、神社の狛犬《こまいぬ》とか沖縄のシーサーになったと考えると、中東からアジアに同じようなイメージの像が伝わってきたのではないかと考えられますね。

加治 聖書外典のトマス行伝《ぎょうでん》※によれば、キリストの12使徒の1人、トマスが

右／キリストの12使徒の１人・トマスはインドに布教しに行った。図版はイエスに触れる聖トマス（ドゥッチオ・ディ・ブオニンセーニャ作、1308〜1311頃作）。左／ゴンドファルネスが発行したコインの図像の模写

インドに布教しに行って、ゴンドファルネス※という王様に洗礼を授けたという記録が残っているんですね。しかしそれはあくまで伝説であって史実ではないと思われていたんです。

ところがゴンドファルネスのコインが出てきて、実在していたことがわかった。それが1世紀頃なので、やはり、その頃キリスト教徒はインドまで布教に来ていたことになります。

※トマス行伝
新約外典使徒行伝の1つ。3世紀の後半にシリアで成立したと考えられる。シリア語本文と並んでギリシャ語訳も現存。使徒トマスのインド伝道を読み物風に叙述する。

※ゴンドファルネス
インド・パルティア王国の建設者とされている王。キリスト教の伝説においてトマスの伝道に登場するインドの王として有名である。

出口　我々が思っている以上に人々の移動があったのかもしれませんね。ユダヤの失われた10支族という

有名な説（旧約聖書に記されたイスラエルの12部族のうち、行方がわからなくなったとされる10支族のこと）もありますね。

加治 平安京にはラクダが歩いていたという記録が残っているし、運河をつくったのは中東の人たちだと言われています。古代ローマ帝国のガラス容器も出てきている。

長安に平安、「安」というのは中東人のことですよ。シルクロードの最終点は平安京だということは、はっきりしているんです。

編集部 天皇家のルーツは謎に包まれていて、いろいろ考えてみるとおもしろいですね。

加治 日本人は、自分たちを大和民族とか呼んでいるわりには、DNA的に意外とインターナショナルな混血なのです。

徳川家茂・孝明天皇は暗殺されたのか

編集部 孝明天皇は殺されたという説がありますね。

加治 急死すぎるし、タイミングがよすぎる。

出口 僕は徳川家茂《いえもち》の死というのがすごく大きいと思うんです。その前に孝明天皇が和宮を家茂に嫁がせて公武合体したのは、ある意味での逆クーデターだったと思います。あれで完全に攘夷から公武合体の流れになりましたからね。

和宮を媒介に、孝明天皇と家茂はものすごく蜜月の仲になった。だから、孝明天皇は、家茂だったら一緒に攘夷をやってくれるだろうと信じていたところがあって、その時点では倒幕の考えではなかった。

実際、勅命《ちょくめい》（天皇の命令）が下りて、第1次長州征伐が行われるわけですね。

第2次長州征伐で家茂が将軍として京都・大坂に来たときに突然死んでしまうというのは、毒殺された以外に考えられないと思うのです。薩長や、薩長側の公《く》家《げ》たちがいる大坂に呼ばれて行って、死んでしまった。

当時、まだ満二十歳、確かに病弱だったとはいえ、江戸から大坂城までやってきているわけで、もし病気で具合が悪かったら、そんな長旅はできない。

なのに、都合よく突然死ぬんです。そのせいで、長州征伐はもうガタガタです。

そして、遺体も和宮に見せない。

加治 孝明天皇が死んだのは、家茂が死んだ半年後ですね。

出口 そうなんです。家茂の死の半年後に、今度は孝明天皇が突然死んでしまうんです。まだ36歳の若さです。

薩長にとって都合の悪い2人のトップが相次いで病死。どう考えても、ちょっとできすぎです。

真実は謎ですが、孝明天皇と家茂はおそらく暗殺されたのだろうと思います。

そうとしか考えられないのです。死んだ時期があまりにも近すぎる。

加治 そのときは勝海舟が幕府内で開明派の勢力を相当広げていて、家茂が幕府内にいても安全ではない時代になっていたと思います。
家茂※の死体はなんとイギリス船、トンハルトンで大坂から江戸まで運ばれてい

孝明天皇（右上）が和宮（右下）を徳川家茂（左上）に嫁がせて公武合体に成功したが、その後、家茂も和宮も殺されてしまった？

るんです。攘夷の親分の死体が夷国のイギリス船で運ばれるのはおかしいと、なんで歴史の先生は思わないのでしょう。

この船のことも、輸送のことも、すべて歴史から消されていますけどね。

※家茂の死体はなんとイギリス船、トンハルトンで大坂から江戸まで運ばれている
1866年（慶応2）、家茂は第2次長州征伐の途上大坂城で病に倒れた。この知らせを聞いた孝明天皇は、典薬寮の医師である高階経由と福井登の2人を大坂へ派遣し、その治療に当たらせたが、その甲斐なく、家茂は同年7月20日に大坂城にて薨去《こうきょ》した。享年21（満20歳没）。

編集部　孝明天皇を殺したのは伊藤博文ですか。

加治　それはわからないですね。みんな日本史で勘違いしているのは、朝廷は朝廷で一枚岩、幕府も一枚岩だと思っているけれども、絶対にそんなことはありません。

朝廷の中にも、反孝明、親英、親米の勢力がおり、それぞれスポンサーからお金をもらっていた。孝明天皇の暗殺を狙う輩だってウジャウジャいたわけです。家茂に招かれ京に上った佐久間象山は公武合体を説いて回り、孝明天皇は京都にいては危ないから彦根城へ引っ越すべきだと計画を立て、長州勢力から標的にされていました。

結局、象山は三条実美《さねとみ》※のボディーガードで長州勢と親しく交わっていた熊本藩・河上彦斎《げんさい》に京で暗殺されます。つまり、かなり前から長州と三条は反公武合体、反孝明天皇なのですよ。

出口　あの時代、孝明天皇の周りにいたのは、言うことをほとんど聞かないというか、勝手に偽勅《ぎちょく》（天皇の出した命令と見せかけたニセモノ）を出して好き放題やるような連中ばかりという時期だったんです。

加治　そうそう。それと、朝廷にはいろいろな藩が手を突っ込んできていて、公家たちは買収されている。

三条実美は完全に長州べったりで動いていた。三条と長州の合体によって、幕末というのは途中から攘夷の流れが加速しますね。

※三条実美
幕末・明治の公卿で政治家。京都生まれ。尊攘派公卿の中心人物となるが、会津・薩摩を中心とする公武合体派のクーデターにより、七卿落ちの一人として長州へ逃れた。明治維新後は明治新政府に重用され、太政大臣・内大臣等を歴任するなど国家建設に活躍した。

出口　当時の貴族はみんなお金を持っていなくて、本当に貧乏だったみたいですね。

三条実美（右の写真）と長州の合体によって、攘夷の流れが加速していった。左は、自宅の一部を賭博場にしてテラ銭を取っていたほど貧乏だった岩倉具視

加治　そこにどんどんお金を突っ込まれるわけでしょう。岩倉具視なんて、金がないから、自宅の一部を賭博場《とばくじょう》として博徒《ばくと》に貸し出して、テラ銭を取っていたという記録があるんですよ。人間、食えなければ金で動く、というのは真実です（笑）。

出口　宮廷貴族とか聞くと今の皇族のイメージがあるけれども、天皇が今みたいな形になってくるのは明治以降で、それまでは将軍家が一番偉くて、天皇のことなんて、一般庶民は知らなかったのではないですかね。

加治　知らないですよ。江戸の下々《しもじも》は「天皇？」ってなもんです。

編集部　官位を与える機能はあったんでしょうけど。

加治　それだけです。それも、幕府に命令されて、「わかりました」と言って官位を与えるだけでありましてね、公家も政治への興味すらなかった。

出口　信長なんかは官位をもらうことさえ断っていますからね。

禁門の変のときに孝明天皇を守った元力士がいた

出口　長州の話に戻すと、長州は最後にはクーデターを起こして、倒幕命令を孝明天皇から出させようとします。そのとき孝明天皇はまずいと思って、そのことを薩摩に告げます。

薩摩が会津に告げて、八月十八日の政変で「※七卿落《しちきょう》ち」が起きるわけです。逆クーデターですね。

※七卿落ち
1863年（文久3）8月18日の政変で、公武合体派に敗れた尊王攘夷派の公卿、三条実美・三条西季知《にしすえとも》・東《ひがし》

右が本書のキーとなる人物・有栖川宮熾仁親王（青年期）。左は会津藩主で京都守護職を務めた松平容保

久世《くぜ》通禧《みちとみ》・壬生《みぶ》基修《もとなが》・四条《しじょう》隆謌《たかうた》・錦小路《にしきのこうじ》頼徳《よりのり》・沢宣嘉《さわのぶよし》の7人が、再挙を図るため京都を脱出して長州藩に落ちのびた事件。

もともとは長州がクーデターを企てたのが発覚して、三条実美以下、長州派の公家たちが全員追放されました。

当時、有栖川宮熾仁《たるひと》親王という皇族がいました。有栖川宮幟仁《たかひと》の第1王子ですね。有栖川宮の大叔母である幸子《さちこ》女王（有栖川宮織仁《おりひと》親王第2王女）が長州藩の第9代藩主・毛利斉房《なりふさ》の正室になっているんですね。

ですから、根っからの攘夷派で、長州派に取り込まれている。長州はとにかく公家を味方にして孝明天皇を思い通りにし、攘夷に持っていこうとしたわけですが、その中で一番キーになっているのは有栖川宮なんです。

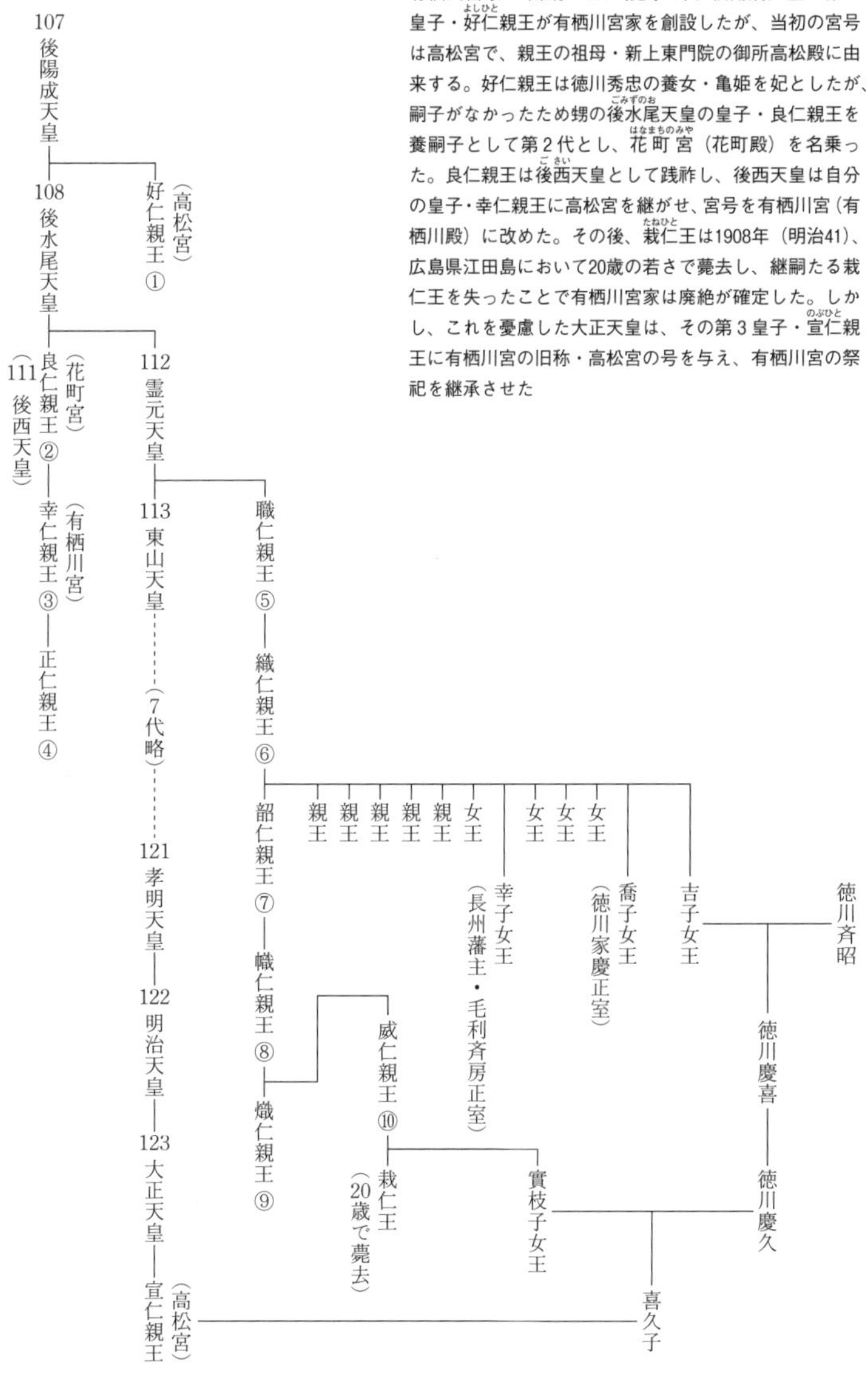

有栖川宮家の系図。1625（寛永2）、後陽成天皇の第7皇子・好仁《よしひと》親王が有栖川宮家を創設したが、当初の宮号は高松宮で、親王の祖母・新上東門院の御所高松殿に由来する。好仁親王は徳川秀忠の養女・亀姫を妃としたが、嗣子がなかったため甥の後水尾《ごみずのお》天皇の皇子・良仁親王を養嗣子として第2代とし、花町宮《はなまちのみや》（花町殿）を名乗った。良仁親王は後西《ごさい》天皇として践祚し、後西天皇は自分の皇子・幸仁親王に高松宮を継がせ、宮号を有栖川宮（有栖川殿）に改めた。その後、栽仁《たねひと》王は1908年（明治41）、広島県江田島において20歳の若さで薨去し、継嗣たる栽仁王を失ったことで有栖川宮家は廃絶が確定した。しかし、これを憂慮した大正天皇は、その第3皇子・宣仁《のぶひと》親王に有栖川宮の旧称・高松宮の号を与え、有栖川宮の祭祀を継承させた

有栖川宮は大叔母が長州藩主の正室になっていますから、毛利との関係で親・長州という立場でやってきたので、八月十八日の政変のときにも長州側についたし、その前に攘夷の建白書を単独で出しているんです。これに孝明天皇は激怒して、有栖川宮は謹慎処分を受けています。

孝明天皇は徹底した外国嫌いで、頑強な攘夷論者です。だが当時、孝明天皇の言うことを聞くのは松平容保（会津藩主で京都守護職を務めた）ぐらいで、ほかの人は孝明天皇は頭がおかしいぐらいにしか思っていなかった。

そこで孝明天皇が唯一頼ったのが、第14代将軍の家茂でした。愚昧《ぐまい》愚昧と言われていたけれども、実は孝明天皇というのはすごく聡明な人物だったと思います。周りは長州派に全部囲まれていたにもかかわらず、直前で彼らを追い払って、薩摩と会津を呼びつけ、八月十八日の政変という逆クーデターをやれるぐらいの人ですからね。愚かだったらできない。

そして、自分の妹の和宮を家茂に降嫁させる。※公武合体ですね。

当時、幕府はまだ力があったので、将軍と孝明天皇とでがっちり手を結んで攘夷を決行しようとしたわけです。これほどの策を反対勢力に囲まれながらやり遂げるのだから、決して愚昧ではありません。

※公武合体
幕末期、朝廷の伝統的権威と結びつき、幕藩体制の再編強化を図ろうとした政治運動。「公」は公家すなわち京都の朝廷を、「武」は武家である江戸の幕府を指す。桜田門外の変後、和宮降嫁で具体化したが、次第に行き詰まり、倒幕派に圧倒された。

ところが、和宮には婚約者がいて、それが有栖川宮熾仁親王だった。いろいろな文献によると、2人は幼なじみで子どものときから愛し合っていましたから、和宮は必死で抵抗した。

しかし、孝明天皇は有栖川宮を謹慎処分にした後ですから、2人を無理やり引き裂いて、公武合体のために和宮を家茂に嫁がせようとしたわけです。和宮にとっては悲劇ですね。

1858年、安政の大獄※で吉田松陰《しょういん》※や攘夷派を井伊直弼がすべて処刑しますが、1860年には桜田門外の変※により、井伊は暗殺されてしまいます。その後の8月には長州藩の軍船の船上で、水戸・長州両藩の尊攘派有志の間に「成破の盟約」といわれる秘密の盟約が交わされているんですね。そして攘夷派が巻き返す。

安政の大獄を断行した井伊直弼（右）は、桜田門外の変（下）で暗殺されてしまう

※安政の大獄
　1858年（安政5）から1859年にかけて、江戸幕府の大老・井伊直弼が尊王攘夷派に対して加えた弾圧。安政の仮条約や、家茂を14代将軍に定めたことに反対する一橋慶喜擁立派の公卿・大名・志士ら百余名を処罰し、吉田松陰・橋本左内ら8名を死刑とした。

※吉田松陰
　幕末の尊王論者・思想家・教育者。長州生まれ。長州藩士・杉百合之助の次男で、兵学を学び、長崎・江戸に遊学、佐久間象山に師事した。ペリー再来の折、密航を企てて失敗、投獄ののち生家に幽閉される。のち萩の自邸内に松下《しょうか》村塾《そんじゅく》を開き、高杉晋作、久坂玄瑞《げんずい》、伊藤博文、山県有朋ら多くの維新の指導者を育成した。安政の大獄に連座し、刑死した。

※桜田門外の変
　1860年（安政7）3月3日、勅許なく安政の仮条約に調印し、安政の大獄などで弾圧を行った大老・井伊直弼が、水戸・薩摩の浪士らに桜田門外で暗殺された事件。

　そういった中で公武合体により、1862年、和宮の降嫁が行われたわけです。このあたりは開国派と攘夷派が本当にせめぎ合っています。

　和宮の降嫁の翌年に長州が下関で外国の艦隊を砲撃して、高杉晋作が奇兵隊※をつくり、薩摩は薩英戦争を始める。その年に、逆クーデターの七卿落ち（八月十八日の政変）が起こっています。これは1863年のことです。

※奇兵隊
　1863年（文久3）、長州藩士・高杉晋作らによって創設された長州藩の軍隊組織。足軽・郷士のほか農民・町人など藩の正規兵以外で組織され、第2次長州征伐・戊辰戦争などで活躍した。「奇兵」とは非正規の軍隊の

意味。第2奇兵隊は石城山神護寺に本営を構えた。

翌1864年は、新撰組による池田屋騒動※が起こって、長州藩の幹部の多くが殺されます。これで長州藩が焦って何をやったかというと、軍隊によって朝廷を攻めるわけです。

これが禁門の変※で、京都が丸焼けになってしまった。尊皇攘夷と言っていたくせに、尊皇とは何だったのかという感じがします。

※池田屋騒動
1864年（元治元）6月5日、新撰組が京都三条小橋の旅宿池田屋にいた尊攘派志士を襲撃した事件。宮部鼎蔵《ていぞう》・吉田稔麿らが斬られた。池田屋事件とも。

※禁門の変
1864年7月19日に長州藩が京都に進軍し、御所の禁門（蛤御門《はまぐり》）周辺で、会津藩兵・薩摩藩兵などからなる幕府軍と武力衝突を起こした事件。当初、長州軍が優勢であったが、来島又兵衛の戦死をきっかけに総崩れとなった。禁門の変の結果、長州藩は朝敵と見なされるようになり、のちの第1次長州征討につながった。蛤御門の変とも。

このときに長州側についていた熾仁親王は蟄居《ちっきょ》を命じられています。

禁門の変のときは実際には長州軍は御所まで入っていって、200発ぐらい銃弾を撃ち込んだ。そのときに公家はみんな逃げてしまっていて、孝明天皇を守る人が誰もいなかったのです。

背中に銃弾を受けながら体を張って唯一孝明天皇を守ったのが、旭形亀太郎《あさひがたかめたろう》という元相撲取りだった人物でした。なお、幼かった孝明天皇の子・睦仁親王は、そのときに失神したという記録が残っています。

長州を追い払ったのが薩摩と会津です。そこから薩摩と長州との怨恨《えんこん》が起こってくるんです。「朝廷に刃向かうなんてけしからぬ、反逆だ」ということで、薩摩と会津を中心に第1次長州征伐が行われます。

このときは幕府側は総勢36藩、兵員15万人と言われていますから、長州は戦わずして降伏し、3家老の首を差し出します。長州はいったんは公武合体に傾くんですね。

ところが、その半年後に高杉晋作が挙兵して、クーデターを起こし、そこから長州は高杉晋作と木戸孝允を中心に完全に倒幕に変わっていきます。それまでは長州は結構揺れ動いていていたんです。

加治　長い解説ありがとうございます（笑）。第1次長州征伐で家老の首を切

右／奇兵隊を創設した高杉晋作は吉田松陰の松下村塾で学んだ。左／禁門の変のとき、但馬出石に落ち延びた木戸孝允は、八木清之助に助けられることになる

って長州は頭を下げたのに、翌年にはまた弓を引いたわけで、幕府は当然怒ります。

出口 そうです。幕府は示しがつかないということで、翌年、第2次長州征伐を実行する。

そのときに総大将として徳川家茂が大坂まで出てきます。当時、家茂はまだ21歳でした。ところが、家茂が突然病気で死んでしまう。

先ほど述べたように、家茂が死んだ半年後に、今度は孝明天皇が突然死んでしまう。実はそのときには裏で薩長がもう手を結んでいて、計画的に次々とやったのではないでしょうか。

加治 ええ、しっかりと。

出口 もし孝明天皇が伊藤博文とか岩倉具

視とか自分の周りにいる人たちによって暗殺されたとしたら、その息子の睦仁はどう思うでしょう。

睦仁はまだ少年です。その連中と一緒に仲よく明治維新をやろうとは当然思いませんよね。暗殺者からすると、睦仁はきっと邪魔だったでしょう。

孝明天皇の暗殺はあくまで仮説ですけど、かなりの学者がこの説を採っています。もし暗殺が真実だとするなら、その実子・睦仁親王をそのまま天皇にするのは不自然な気がします。

孝明天皇は「日本はアメリカと戦争をして負ける」と予言した

出口　さて、問題の人物、旭形亀太郎について話しましょう。旭形亀太郎は、もともとは長州力士隊にいて、伊藤博文らと一緒だったが、途中で寝返るというか、孝明天皇を守る力士隊を編成して隊長になるんです。当時、孝明天皇の周りはみんな反孝明で、信用できるのは、身分は低いが旭形しかいなかった。

禁門の変のときには御所にも銃弾がボンボン撃ち込まれて、貴族たちはみんな逃げてしまった。そのときに旭形が自分の体を盾にして、孝明天皇を抱きかかえて命がけで守ったと言われています。

そのことに孝明天皇は感謝して、※錦《にしき》の御旗《みはた》を旭形に渡すんですが、その話はのちほど詳しくしますね。とにかく孝明天皇は外国嫌いの非常に頭の固い天皇だったと言われていますが、どうもそうではなくて非常に聡明な天皇だったと僕は思っているんです。禁門の変の後、旭形は孝明天皇から「切紙神示《きりがみ》」というものを伝授されているんです。

※錦の御旗
官軍の印である旗。赤い錦地に日月を金銀で刺繍《ししゅう》したもの。鎌倉時代以後、朝敵を征討する際に官軍の旗印として用いられた。錦旗《きんき》とも（171～172ページも参照）。

ここからは信じるか信じないかの世界になってくるのですが、王仁三郎を調べていくうちに、とんでもない話がわかってくるのです。もちろん、私の立場はあくまで客観的でありたいと思っていますので、あくまで一つの可能性として聞いていただきたいのですが。

孝明天皇は外国嫌いで開国に対してウンと言わなかったため、幕府は困って、大老の井伊直弼が天皇の許しもなく、強引に日米修好通商条約を結んでしまった。そこから攘夷、攘夷と大騒ぎになり、京都では次から次へと中心人物が殺されるという大変なことになります。毎日のように鴨川の河原には、首がさらされます。

実は孝明天皇と同様に外国嫌いだった出口なお

孝明天皇は、なぜ外国をあんなに嫌ったのか。実は出口※なおも外国嫌いだったのです。

※出口なお（1836～1918）
大本の開祖。丹波綾部の大工だった出口政五郎に嫁し、3男5女を産んだ。1892年、突然神がかりして、将来の世界を予言し、大本を開いた。予言を自ら書き記した『御筆先《おふでさき》』で、「艮《うしとら》の金神《こんじん》」による立て替え・立て直しを訴えた。

出口王仁三郎は外国の勉強をすごくするんですが、実はなおは徹底して妨害します。なおと王仁三郎は親子としては仲がいいけれども、神が関わってくると敵同士になるのです。

王仁三郎が改心しないから世の中がよくならないと信じて、なおも信者たちも、何度も王仁三郎を暗殺しかけています。なおが妨害しようとしたというより、なおのことを信じている信者たちが王仁三郎を抹殺しようとしたわけです。実はこれが大本の歴史の一面でもあります。

出口なおが王仁三郎を認めたのは、なおが死ぬ2年前でした。実は王仁三郎こそが救世主だと、自分の筆先（自動書記）に出てきたんです。

なおの筆先によって王仁三郎は初めて認められて、そこからどんどん活躍していきます。なおは筆先に書かれた文章を読んで、顔面蒼白になったと言われています。

実は孝明天皇はシャーマンで、「切紙神示」という特殊なやり方で占っていました。

加治 もともと天皇はシャーマンです。

出口 そうですね。外国嫌い、シャーマンという点で、孝明天皇となおには共通点があります。

ではここで、「切紙神示」のやり方を簡単に説明しておきましょう。

まず1枚の半紙とハサミを用意します。そして次ページ図1のように折り、ハサミを入れると9枚の紙になるんですね（図2）。

半開きのままの紙切れを図3のように並べると、「火」と「水」が得られます。万物の霊と体との根源である火素（霊素）と水素（体素）が出現したわけです。言霊学《げんれいがく》（言霊を研究する学問）では、火と水でカミ、水と火でイキを表し、命の誕生を意味するんです。そこで、9枚全部を開いてみます。

この9枚の組み合わせで言葉が生まれるわけですが、この9枚はすべて使わねばなりません。そうすると、図4のように、十とHELLが現れますね。十の縦の棒は火の用、横の棒が水の用で合わせて神を意味します。

大本でも○の中に十は神紋とされますし、キリスト教でも十字架は神のシンボルなので、十は神。HELLはもちろん地獄のことですね。

以上のようにして占っていったら、「アヤベ」「大本」「出口」「ナヲ」「オニサブロウ」等々、いろいろな文字が出るんです。「日米戦」も出てくる。これはあ

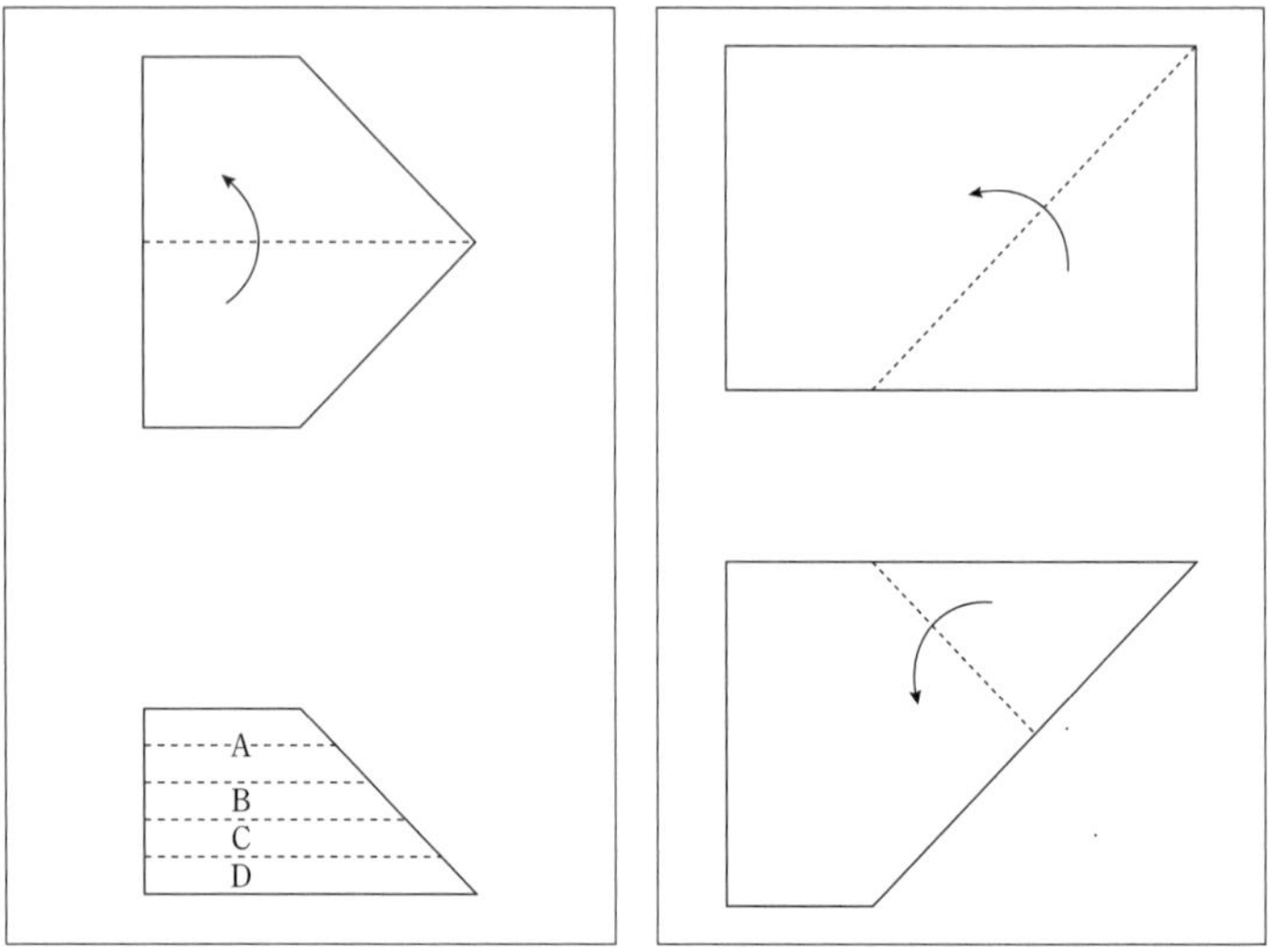

図1　右図のように紙を折る。左上の図のように折り、台形ができたら左の図のD、C、Bの点線の通りに下から折っていく

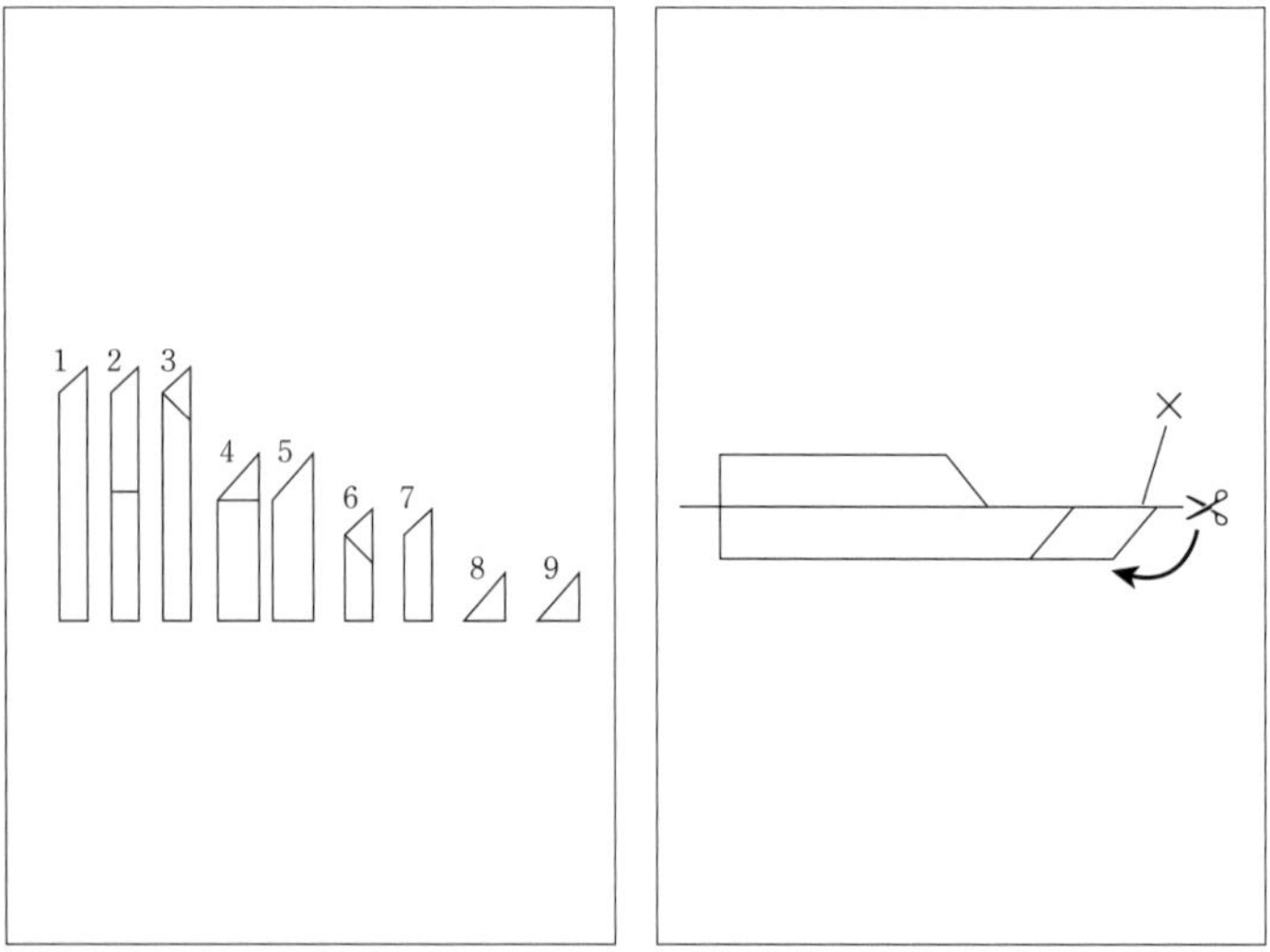

図2　右図のように図1のDとCの間にハサミを入れると7枚になる。3の紙切れを振ると2枚現れて計9枚になる

図3　9枚を組み合わせたら、火と水が現れた

図4　9枚を開いて組み合わせると、十字とHELLができる

くまで推測にすぎないのですが、切神神示により「日米戦」が出てきたのですから、孝明天皇はきっと日本とアメリカは戦争をすると思い込んだのではないでしょうか。

つまり、孝明天皇は切紙神示により、日本はアメリカと戦争をして負けるということを予言しているのです。だからこそ、執拗に攘夷と言ったのかもしれません。

加治 でも、周りの人は誰も信じてくれなくて、頭がおかしくなったという扱いをした。反孝明で周りを固めて、勝手に偽勅をつくって好き放題やったわけです。

出口 切紙神示というのはいつ頃からあるんですか。

加治 ヨーロッパにも昔からあるんですが、ヨーロッパの場合は十字架とか地獄（HELL）とか愛（LOVE）という字が出てくるんです。

出口 僕は小学校のときに友達に教えてもらって、みんなで切った記憶がありますが、単なる遊びだと思っていて、占いとは思っていなかった。

加治 宮沢賢治の詩の中にも出てくるので、結構広まっていたのでしょうね。

孝明天皇は王仁三郎の誕生を予言した？

孝明天皇は死ぬ間際に旭形に、「日本とアメリカが戦争をするかもしれない。何年か後にある人物が現れるから、その人物にこれを託してくれ」と言っていろいろなものを託した。旭形はその命を守って、その人物をずっと待っていたんです。その人物が出口王仁三郎だったというわけです。

これは非常に宗教的な話になるので本当かどうかわからないけれど、旭形の弟子の佐藤紋次郎《もんじろう》が旭形に頼まれて書き写した記録が『たまほこのひ可里《かり》』という本になって残っているので、別に僕の妄想でもなんでもないんです。なお、この本は一般には出回っていません。

ところが、佐藤紋次郎が訪ねたのが王仁三郎が保釈中で官憲に監視されているときだったので、公にできない部分があった。

加治 旭形と大本が関係があるんじゃないかと思ったのは、取材しているうちに次第に浮かんできました。旭形は、玉鉾神社《たまほこ》を建立《こんりゅう》した数年後に謎の死を遂げるのですが、旭形には息子さんがいらっしゃった。

※玉鉾神社
祭神は孝明天皇。正式に「孝明天皇」が御祭神として登記されたのは1954年5月。孝明天皇の遺言に従い、熱田神宮（草薙剣）と伊勢神宮（八咫鏡）の真ん中の武豊の地に、正八位旭形亀太郎によって創立された。三種の神器である鏡・玉・剣が一直線上に揃うことになる。天皇の錦の御旗が1889年（明治22）に宮内庁に返還されるまで、この神社で大切に護り続けられてきた。

息子さんが後継者になったのかと思ったらそうじゃなかった。その後、身の危険を感じて大阪方面に逐電《ちくでん》します。奥様は残って頑張ったが、周囲の嫌がらせで、失意のまま6～7年で亡くなってしまいます。

玉鉾神社の今の宮司さんは4代目か5代目になるんですが、取材に行って、

「あなたのお父さんはどういう関係で宮司になられたんですか」と聞いたら、「大本の紹介で来ました」と言っていた。「どうして大本が旭形と関係があるんですか」と聞いたけれど、彼自身はよくわからないというのが答えです。

しかし大本という宗教団体が特定の神社に任せたわけですから、そこには宗教的なつながりがあったはずです。

出口 旭形亀太郎の弟子の佐藤紋次郎が書き写した『たまほこのひ可里』によると、孝明天皇は、自分が殺されることが薄々わかっていて、唯一信用できたのが自分の命を守ってくれた旭形だったので、自分が死んだ後、ある人物に孝明天皇のご宸筆《しんぴつ》ほかの品を渡してくれとひそかに頼んだらしいんです。旭形は死ぬ間際に弟子の佐藤紋次郎にそれを託した。

佐藤紋次郎が王仁三郎に会いに行って、この人だと確信を持って大本に入信したという流れになるんです。だから、王仁三郎も佐藤紋次郎から聞いて、みんな知っているんです。

加治 なるほど、そういうことだったんですね。『たまほこのひ可里』というのは玉鉾神社とつながる書名という。

出口 玉鉾神社は孝明天皇を祀っている神社ですね。

加治 そうです。明治神宮をはじめ、歴代天皇を祀った立派な神社がいっぱいあるのに、孝明天皇の神社が玉鉾神社ができるまでなかったこと自体がおかしいんですよ。旭形がつくろうとしたら妨害されて、やっと創建したら、すぐ謎の死を遂げる。

僕はアサヒビールのことも気になるんです。住友銀行の副頭取だった樋口廣太《ひろた》郎《ろう》が社長になってから業績をグンと伸ばすんですが、社長に就任して最初にやったことは先祖に対する鎮魂です。

先人を祀らないとダメだということで「先人の碑　迎賓館」を建てて、そこには旭形亀太郎の名を刻んだ先人ご芳名プレートが保存されているんです。アサヒビール西宮工場の敷地内に「旭神社」というすごく立派な神社までつくっている。

旭形はアサヒビール設立にかなり関与しています。実際の創業者で、アサヒビールという会社名は旭形からもらってつけたのではないかと僕は思っていますけれど、アサヒビールはそれを社史の中で全部抹殺《まっさつ》してきた。だから、当時、アサヒビールが低迷しているのは旭形を粗末にしてきた祟りだと樋口さんは思ったのではないか。

でも、今回の取材では居丈高に非協力的な印象でした。表向きにはいまだに隠しているようです。全然サワヤカじゃありませんな（笑）。

出口 ヤバイものがいっぱい出てくるからかもしれませんね。

加治 それに当時、明治政府からは当然圧力がかかっている。孝明天皇の神社なんて建てやがって、旭形なんて名を出したら承知しないぞ、と。※キリンビールを興した有力メンバーの1人は南朝革命の黒幕、グラバーで、アサヒビールは北朝・孝明天皇を守った旭形。本当におもしろい。

※キリンビールを興した有力メンバーの1人はグラバー
　グラバーは明治維新後も日本に滞在したが、戊辰戦争終結のあおりを受けて1870年（明治3）にグラバー商会は破産。グラバーは三菱の顧問に招かれ事業開拓を行うが、手がけた新規事業の1つにビール産業への進出があった。
　アメリカ人のコープランドが開いたビール醸造所「スプリングバレー・ブルワリー」が1884年（明治17）に閉鎖されると、グラバーは在留外国人や日本人の財界人など、ビール会社の設立に賛同する資本家たちを集め、その跡地や建物の購入を勧めたといわれている。こうして1885年（明治18）に麒麟麦酒株式会社の前身となる「ジャパン・ブルワリー・カンパニー」が設立され、グラバー自身も重役の座に。ちなみに麒麟《きりん》のラベルもグラバーの提案により採用された。

出口　たかだか一力士にいろいろなものを託したぐらいだから、当時は誰一人孝明天皇の言うことを聞く人がいなかったし、身の危険もあったと考えられますね。だからこそ孝明天皇は公武合体で家茂にすがったんだと思いますが……その家茂も殺されてしまった。

　すると、次は当然自分だということがわかりますよね。大名で仲がいいのは会津の松平容保ぐらいですが、容保も薩長に排除されていきますから、孝明天皇は本当に孤独だったのではないか。有栖川宮も親長州だし。

加治 裸同然でしょう。禁門の変では、長州兵が200、300人、御所奥まで突入したようです。

出口 そのときは他の貴族はみんな逃げてしまって、旭形が体を張って孝明天皇を守ったんですね。

加治 表向きには尊皇攘夷を叫んでいた長州の連中が、御所を攻めるということ自体おかしいのに、歴史の先生は疑問を持たない。

出口 うがった見方をすると、**彼らにとっては南朝こそが本当の天皇で、北朝は天皇ではないと思っているから、どうでもいいんですよ。**

いきなり南朝の天皇といってもわからない人もいるでしょうから、南北朝の歴史について簡単に説明しておきましょうか。

天皇家は鎌倉時代に持明院統の北朝と大覚寺統の南朝の2つに分かれて、幕府が仲裁に入って、天皇を交互に出しましょうという約束ができたわけです。ところが、南朝の後醍醐《ごだいご》天皇が足利尊氏《たかうじ》を討とうとして戦いになって、その結果、足利尊氏が勝ち、後醍醐天皇は吉野に逃れた。そこから南北朝時代が始まったと言われています。

それ以来ずっと南朝と北朝が並行してあって、最後には南朝が三種の神器を北朝に返して統一する。ところが、それはニセモノだったとか、いろいろなことがあって、結局、南朝はその後も正統性を主張した。


加治 禁門の変に話を戻すと、長州兵は孝明天皇を拉致して、言うことを聞かなければ殺してしまえという作戦だった。今みたいな天皇制ではなくて、天皇は完全に政府奪取のためのコマにすぎません。

大久保利通なんかは、「バカな天皇だったら替えてしまえ」と公然と言っている。これは孟子※の「湯武放伐論《とうぶほうばつ》」ですが、それを盛んに喧伝したのが横井小楠《しょうなん》※と吉田松陰です。

大久保は、京都は「数百年来、因循《いんじゅん》の腐臭」を放っているとし、大坂遷都を訴えたが、これなども北朝天皇の根城《ねじろ》の清算でしょう。

※孟子の「湯武放伐論」
中国史において、君主が徳を失って悪政を行ったとき、有徳の諸侯などが天下のために、討伐して都から追放し、代わりにその位に就くことを「放伐」という。湯王と武王の故事に由来するので「湯武放伐」ともいう。

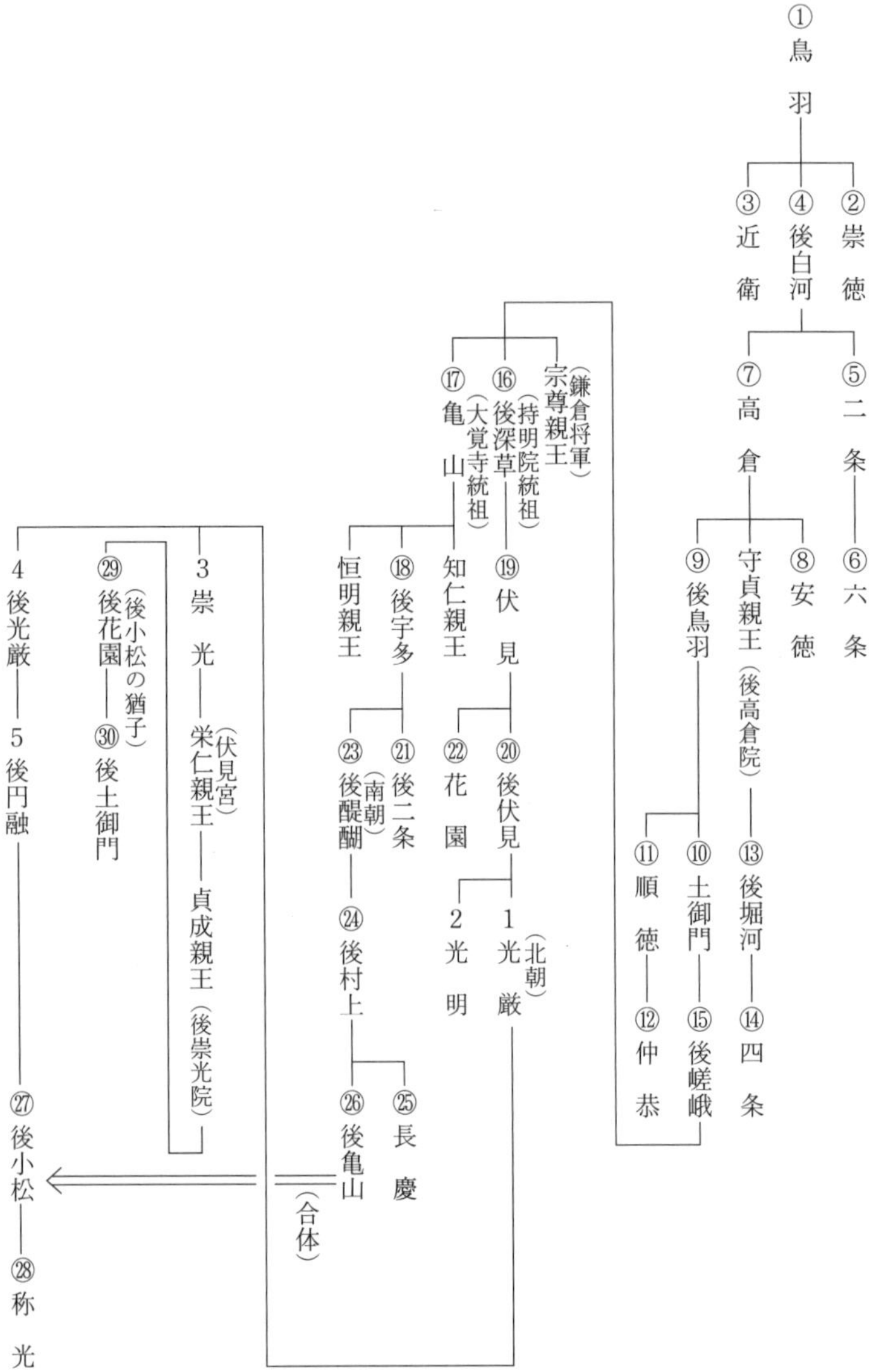

南北朝天皇関連系図。1911年（明治44）、明治天皇の勅裁により南朝が正統とされ、北朝の光厳、光明、崇光、後光厳、後円融、後小松のうち後小松天皇を除く5代5人は、歴代天皇に含まれないことになった

後醍醐天皇は天皇親政を企てたが正中の変・元弘の変に敗れ、隠岐に流された。1333年脱出し、新田義貞・足利尊氏らの支援で鎌倉幕府を滅ぼし建武新政権を樹立したものの、親政は失敗し、尊氏らも離反し、1336年に吉野に移り南朝を立てた。まさに波乱の人生であった（右上は後醍醐天皇像[清浄光寺蔵]、左上は足利尊氏像とされてきた「騎馬武者像」)。右／1868年（明治元)、新政府に参与として出仕するが、翌年に参内の帰途、十津川郷士らにより、京都で暗殺された横井小楠

※横井小楠
幕末の思想家・政治家で、熊本藩士。江戸に遊学して藤田東湖らと交わった。藩政改革に努めたが失敗し、福井藩主・松平春嶽《しゅんがく》に招かれて藩の政治顧問となり藩政改革を指導した。勝海舟、坂本龍馬と交わり、富国強兵を説き、幕府の公武合体運動に活躍したが、明治維新後に暗殺された。

出口　さて、佐藤紋次郎の『たまほこのひ可里』によると、孝明天皇が遺言として残した予言めいたものの1つは「日本はアメリカと戦争になる」ということでした。そこには当時はなかった軍艦とか空母みたいなものも出てくるんです。完全に神がかりになって予言しています。

さらに、「禁門の変から28年後に弥勒の大神が出てくる。それまで、おまえが錦の御旗を隠し持っていてくれ」と言い残しています。そしてなんと28年後に、出口なおが神がかっているんですね！

さらに、孝明天皇直筆の歌も旭形はもらっていて、その色紙は写真で残っています。

「照る影を平手に受けし旭形　千代に輝く勲なりけり」

という歌で、旭形が自分の体で弾丸を受けて孝明天皇を守ったことを詠ってい

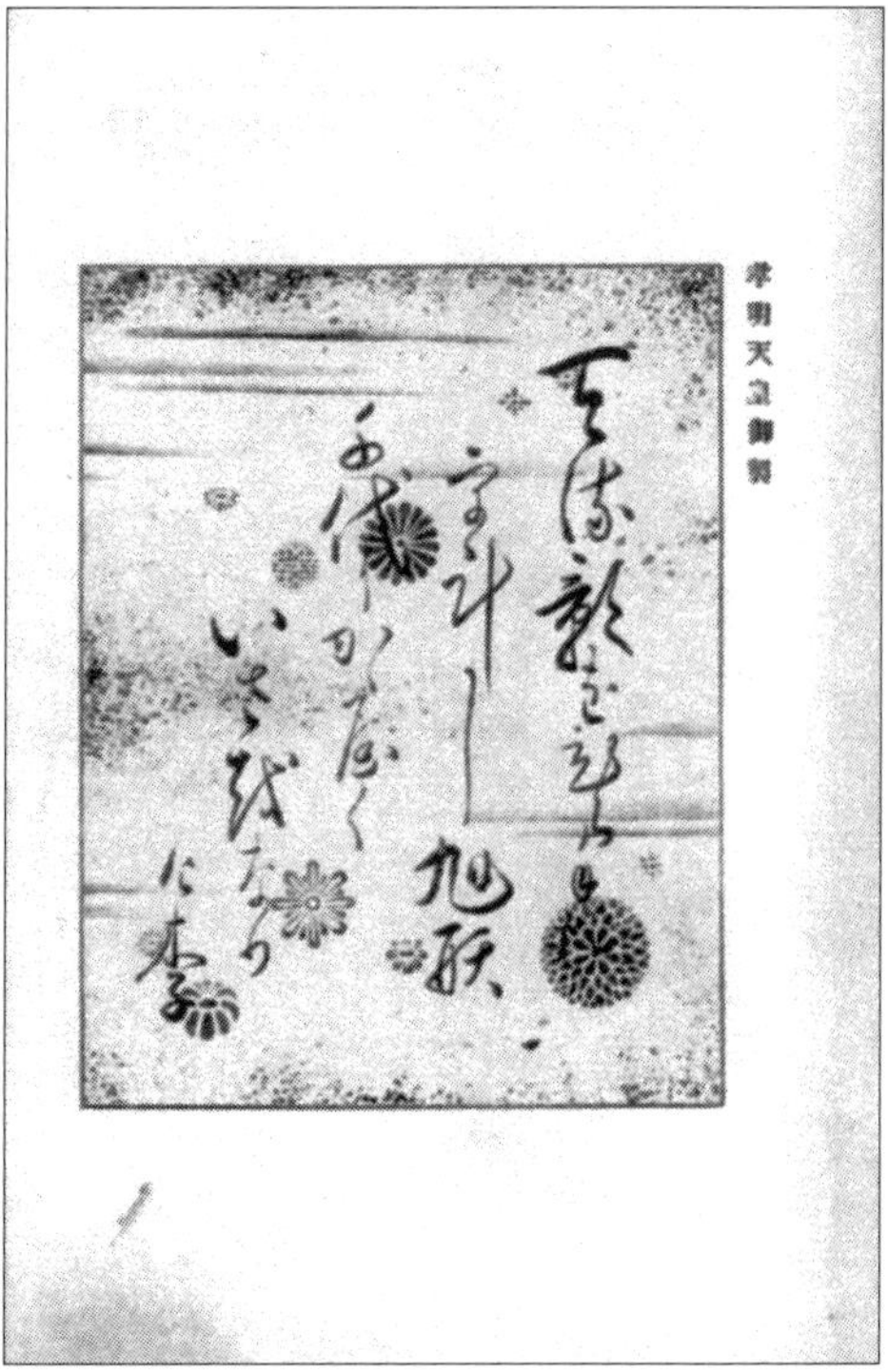

右／旭形亀太郎が賜わった孝明天皇直筆の色紙。
上／王仁三郎の親指には◎（ス）の拇印があった。（提供・飯塚弘明氏）

ます。

こうした事実はもっと世間で騒がれてもいいと思うけれども、封印されているんですね。

また、孝明天皇は「皇紀2600年に、◎（ス）の拇印を持つ70歳の男が現れるので、その男にこの書を渡せ」とも遺言しています。皇紀2600年というのは昭和15年で、このとき王仁三郎はちょうど70歳でした。「◎（ス）」の拇印《ぼいん》というのは神を表すもので、確かに王仁三郎の親指にはこの印があったのです。

佐藤紋次郎は、遺言に従って王仁三郎に会いに行って、予言書を渡しています。

それから、孝明天皇は「尾州武豊ノ地」（愛知県知多郡武豊町《たけとよ》）に、「自分の神社をつくれ。そこで自分は国を守る」ということも遺言しています。

そこで、旭形は神社をつくろうとしたけれども、孝明神社では国の許可が下りないので、別の名前で神社をつくろうとします。

禁門の変から28年後に弥勒《みろく》の大神が現れると聞いたので、旭形は出口なおに会いに行きます。なおは神がかって「孝明天皇は玉鉾の神なり」と言うので、「玉鉾神社」とすることにした。

そうしたら、1899年（明治32）にようやく国の許可が下りて、そこに孝明天皇を祀ったわけです。

王仁三郎に有栖川宮落胤の事実を教えたのは八木清之助だったのではないか

出口　僕は加治さんの『幕末　維新の暗号』を読んで衝撃を受けたんです。加治さんは僕の父とはまったく別の角度から明治維新の闇を追いかけていったけれども、父がいろいろと調べてきたことと、結論がほとんど一緒だったんです。

そこで、何とか加治さんとお会いしたいと思って、いろいろな編集者に頼んでいたのですが、なかなか連絡がつかなかった。あるときツイッターで見つけて、直接連絡したら、すぐにお返事をいただけた。

だから今回の対談が実現したのも、本当にソーシャルネットのおかげなんです。それが3～4年前です。それで、こっちが持っている王仁三郎の資料を加治さんにお渡ししたんです。

加治 大本のことは何となく知っていましたが、有栖川さんとのつながりは予想もしていなかったから、最初はあれっ、マユツバかなと（笑）。調べたら、裏がどんどん取れましてね。

出口 うちの父が調べたところによると、王仁三郎が若いときに深い恋仲だった八木弁《やぎべん》という女性がいたんです。王仁三郎は高熊山《※たかくまやま》で修行してから宗教的な啓示を受けたわけですが、その前は本当に貧しい百姓で、小学校も中退しているんです。

※高熊山
亀岡市曽我部町穴太《あなお》にある小高い山で、出口王仁三郎が、1898年、富士浅間神社の祭神・木花咲耶姫命《このはなさくやひめのみこと》の神使に導かれるままに、この郷里の山の岩窟に籠もり、7日7夜にわたり霊的・肉体的修行をしたとされる。

おもしろいのは、王仁三郎は父親とも兄弟とも全然似ていないんです。他の兄弟がみんな百姓で教養も才能もないのに、王仁三郎だけが、小学校を中退して、いきなり小学校の先生になったり、漢字が読めて、村中の人を集めて新聞を読んで聞かせたりしている。

加治 英才教育を受けた？

出口　いや、受けていないんです。百姓の息子として育っていて、王仁三郎が本を読んでいると、「百姓に学問は要らない」と言って父親に殴られる。醜いアヒルの子みたいな感じなんです。

加治　祖父にすごくかわいがられていたんですか？

出口　いや、おばあさんです。学識があって、おばあさんだけが王仁三郎をかわいがっていた。

次の章で検証しますが、王仁三郎が有栖川宮熾仁親王のご落胤だという説がありますね。それが本当だとすると、おばあさんはその事実を知っているんですね。でも、周りには言えない。

有栖川宮のご落胤だということを隠すために、母親にお見合い結婚をさせて、王仁三郎は結婚後7カ月で生まれています。戸籍も全部嘘。それほどまでして隠し通さなければならなかった。

自分1人だけほかの兄弟と全然違うということで悶々《もんもん》としている頃に八木弁という女性と出会った。王仁三郎はのちに歌をいっぱい詠んでいるんですが、そのきっかけは何かというと、当時、俳句を庶民的にした冠句というのがあって、それに熱中して冠句の結社にも入っているんです。

調べてみると、王仁三郎の冠句の先生は八木弁のお父さんで、そのお父さんは冠句の先生としては「度変窟烏峰《どへんくつうほう》」を名乗っていたのですが、本当の名前が八木清之助《せいのすけ》なんです。この八木清之助という人物がとんでもなくおもしろいのです。

編集部 詳しくお願いします。

出口 順を追って話しますね。まず、1960年、大本では村上重良、上田正昭、林屋辰三郎の各氏など錚々《そうそう》たる学者たちを編集参与《さんよ》として迎えて、教団史編纂《へんさん》の大事業をスタートさせたんです。1962年には上下巻3000ページに及ぶ『大本七十年史』が完成します。

ところがうちの父（出口和明）は、教団の初期の頃や王仁三郎の人間くさいエピソードなどのうち、公的な教団史では無視されている部分があるかもしれないと思って調べ始めたんです。その過程で父は王仁三郎の若い頃に知り合った女性たちについても調査した。

その手がかりは王仁三郎の回顧《かいこ》歌集『霧の海』『故山の夢』でした。

王仁三郎は相手のことを配慮したからだと思いますが、実名は一切書いていないんです。しかし、王仁三郎が生まれ育った亀岡《かめおか》の集落、穴太の里には若かりし頃の王仁三郎を知る古老たちが何人もいて、上田喜三郎（出口王仁三郎の旧名）のエピソードを語ってくれたそうなんですね。

古老たちの話を参考に、父は歌集から拾い出した王仁三郎の「7人の恋人」を次々と特定していくことができた。そのうちの1人が八木弁という女性だったんです。

加治　なるほど。

出口　1969年、父は亀岡の千代川《ちよかわ》村というところにある八木弁の生家を探し当てたんですが、ここで不思議な点に気づくんです。

当主の八木次男氏は父を温かく迎えてくれたのですが、そのときに弁の父・八木清之助が明治29年（1896）から書き始めた和綴《わと》じの日記を持ってきて見せてくれました。ところがその表紙には「度変窟烏峰《どへんくつうほう》」というタイトルが書かれていたんです。

若い頃の王仁三郎が冠句に夢中になり、「偕行社《かいこうしゃ》」という結社まで作っていたことは有名です。穴太の小幡《おばた》神社には、創立1周年のときに王仁三郎が奉納したとされる額《がく》が残っているんです。

冠句は江戸中期から流行した俳句と川柳を混ぜたような大衆文芸で、季語はないんです。選者が五・七・五の最初の五の題を示し、それに対して参加者が七・五と続け、その優劣を競うものなんです。

先ほど述べた回顧歌集や奉納された額から考えると、王仁三郎の冠句の師匠は「度変窟烏峰」という人物であると思われるんですが、どこの誰なのか、わからないままだったんですね。

それが八木弁の生家へ行ってみたら、王仁三郎の恋人の八木弁は「度変窟烏峰」の娘だったということがわかった。それだけでも驚きでしたが、「度変窟烏峰」すなわち八木清之助の経歴を調べてみると、さらに驚くべきことがわかったんです。

加治 王仁三郎が八木清之助に習ったのが先で、それから彼女になったのか、彼女になってからお父さんが八木清之助だったとわかったのか、どっちなんでしょうね。

出口 どっちかはわからないけれども、冠句をやって、八木清之助のところに習いに行って、娘と会って好きになったのではないかと思います。八木清之助は本当のこと（王仁三郎が有栖川宮のご落胤であること）を知っているので、たぶん王仁三郎に漏らしているはずなんです。

でも、実際の自分は貧しい百姓で、学問なんか要らないと親に殴られていたと、そこに王仁三郎の青春時代の屈折があると思うんです。

加治　八木清之助を調べると、和宮との接点、有栖川宮熾仁との接点、出口王仁三郎との接点、相撲取りの旭形と、計4人との接点が出てくる。北朝の秘密ルートがあって、八木清之助がその間を行き来していたんだろうなというのが、だんだん見えてきた。今ふうにいえば、北朝工作員。彼は、すごくおもしろい。

出口　八木清之助という1人の男がいろいろな謎を解く鍵を握っていると、僕も思います。

弘化《こうか》4年（1847）、千代川村拝田《はいだ》（今の京都府亀岡市）に生まれた八木清之助は、14歳のときに京都のある宮家に中間《ちゅうげん》奉公することになるんですね。中間奉公というのは一代限りの奉公をすることです。

そして翌年の文久元年（1861）、泣く泣く関東に降嫁《こうか》する和宮のお供《とも》として江戸へ下っていることがわかっています。というのも、「小石川藩邸にて」と裏表紙に書かれた和綴じの本が残っていたのです。

小石川藩邸ということは、水戸藩の江戸屋敷に滞在していたんでしょうね。八木清之助は身分は高くなくて、筆の行商をずっとやっていたけれども、若いときに和宮に仕えていて有栖川宮熾仁親王との連絡係をやっていたということは、歴史的にも裏づけられています。

幕末に天誅、天誅といって攘夷派によってどんどん人が殺されていたときに、有栖川宮か誰かの命令を受けて、八木清之助は殺された人の生首を克明に描いた『京都天誅録』という本をつくっているのです。ここにコピーがありますが、無学の人間にこれだけのことができるとは思えません。

編集部 すごくリアルな絵ですね。

出口 そうでしょう?

僕は、ある意味で八木清之助はスパイだったと思います。七卿落ちのときに三条実美たちを手引きして逃がしたのも八木清之助で、長州までついていっているのです。

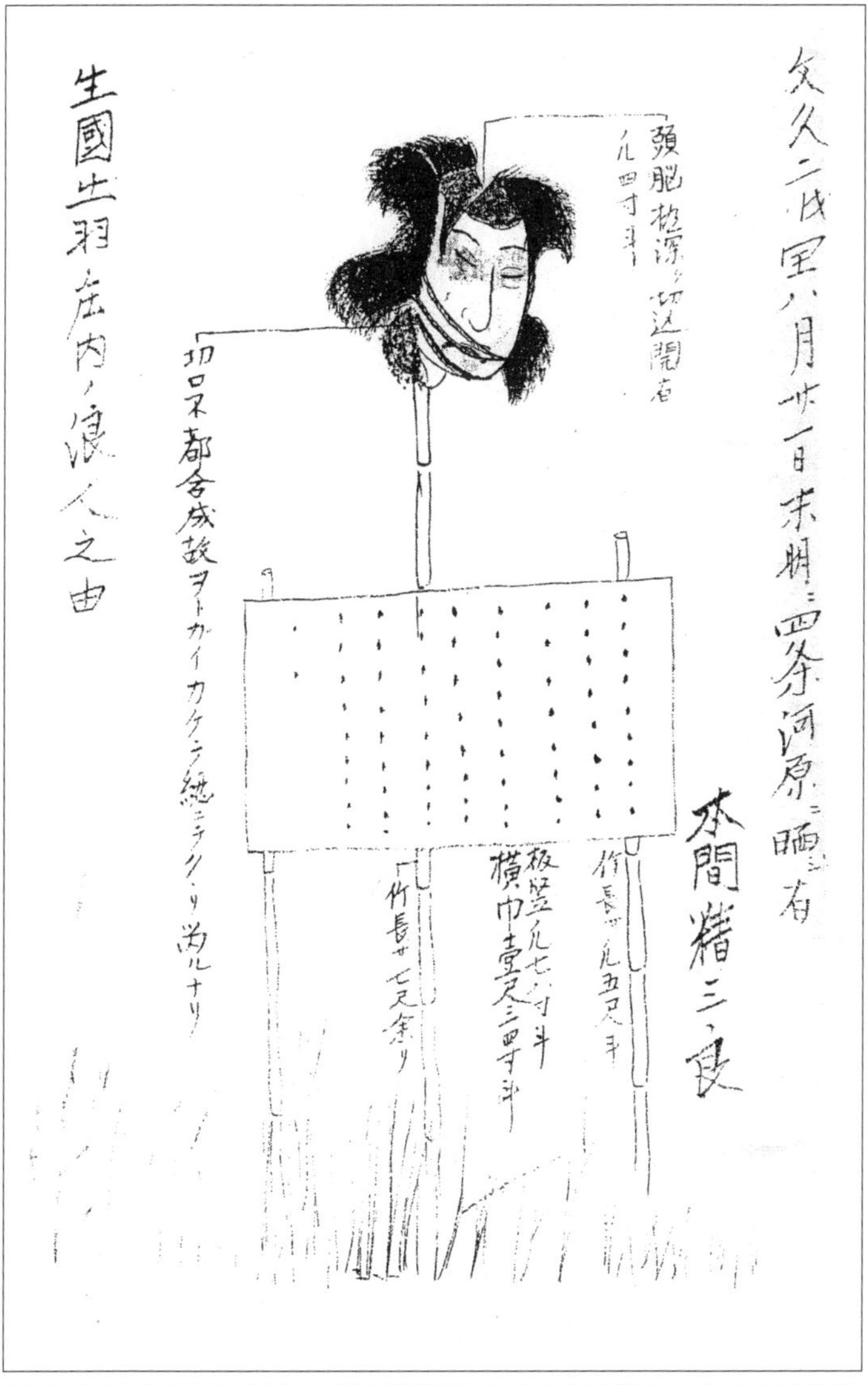

八木清之助は殺された人の生首を次々と克明に記録に残していた（『京都天誅録』より）。八木清之助がスパイだったことを示す有力な証拠となるかもしれない

八木清之助が七卿落ちで逃げた桂小五郎を助けた

出口　昭和7年11月27日に京都洛北にある妙法院《みょうほういん》で、七卿西走70年記念の法要が行われた際、「七卿落ち当時からの唯一の生存者」として八木清之助（当時88歳）と、丹波から一緒に来た清之助の息子の義一郎が出席したことが当時の新聞に報じられています。

八月十八日の政変で京都での地位を失った長州藩は、勢力挽回のため、藩主父子の雪冤《せつえん》（身の潔白を明らかにすること）と七卿の赦免《しゃめん》を朝廷に願い出ますが、かないませんでした。

さらに翌元治元年（1864）6月には池田屋騒動で藩士多数を殺戮《さつりく》されたため、武力による宮中制圧を計画し、ついに3人の家老が兵を率いて上京します。そして7月19日、会津・薩摩藩と蛤《はまぐり》御門付近で交戦しましたが敗北してしまう。

加治　禁門の変ですね。

出口　そのとき京都にいた長州藩士・桂小五郎（後の木戸孝允）も身辺に危険が迫り、但馬出石《たじまいずし》に落ち延びます。二条大橋の下に潜んでいた桂小五郎のところに、芸妓《げいぎ》だった幾松《いくまつ》（木戸松子）が握り飯を運んだという有名なエピソードはこのときのものですね。

ここまでは一般に知られている話ですが、ではいったいどういう経路で出石まで落ち延びたのかは、よくわかっていない。八木次男氏によれば、**桂小五郎は八木清之助を頼って京を抜け、千代川村拝田の八木清之助の家のわら小屋にかくまわれたといいます**。

編集部　そこでも八木清之助が登場するとは！

出口　清之助が、桂小五郎を亀岡から、但馬、出石へと逃がすルートを確保したらしいんですね。「逃げの小五郎」といわれるほど用心深い彼が、清之助には一命を預けているのです。

清之助は当然、有栖川宮と和宮の仲も全部知っているし、もし王仁三郎が有栖川宮のご落胤だとするならば、それも八木清之助は知っていたはずです。その人が王仁三郎の冠句の先生だった。

だから、清之助が王仁三郎をかわいがったというのは、そのあたりの事情を知ってのことだったはずです。

編集部 王仁三郎のおばあさんは、有栖川宮熾仁のご落胤だということを知っていたということですか。

出口 王仁三郎のおばあさんはウノという名前だったけれども、ウノは知っていたと思います。でも、父親やおじいさんは知らなかった。

有栖川宮と王仁三郎の母のヨネが京都の船宿でずっと密会していて子どもを宿したんですが、その後、有栖川宮は東京に呼び出されて帰っていく。そのときヨネはまだ妊娠2カ月ぐらいなので、本人もまだわかっていなかった。

そこで、ヨネは宿下がりをして田舎に戻ってきて、自分の母親に打ち明けて相談したら、「それはとんでもないことだ、生まれてくる子が男だったら殺される」ということで、何とか隠さなければいけないということになったんですね。誰でもいいから、とにかく結婚させなければならない。

そこで、貧しい百姓だった上田吉松と結婚させたのです。その上で7カ月の早産で王仁三郎が生まれたということにしました。

和宮の左腕はなぜ清之助の裏庭に埋められたのか

編集部　話は変わりますが、加治さんは最新作『幕末 戦慄の絆』で、フィクションの形を取りながらも和宮の遺体には片腕がなく、その片腕が八木清之助の庭に埋められているという衝撃的な事実を明かしていますね。

出口　では私から、私の父が八木清之助の庭で和宮の墓を発見した話をしましょうか。

先ほど父が八木弁の生家を訪ねたときの話をしましたが、そのときに裏庭に案内されているんですね。当時のことを母が2004年に『ムー』（学研）に書いているので、その文章を引用してみましょう。

私は昔のままであるらしい玄関脇のゆがんだトタン屋根のわら小屋から、桂小五郎と越えたという拝田峠に視線を移した。

ふもとには14、15軒の農家が散らばる。

「うちの脇を通らんと峠には行けん。それに、昔はもっと狭い、ひどい道やったげな……」

と、次男氏（引用者注・２００４年当時の八木家の当主）は八木に向かってせり上がっていく峠を指さした。

母屋の裏手は崖で、なかほどからふたまたになった見事な松の大木がある。崖を上った奥に、小さなお地蔵さんが20余り並び、ひっそりと五輪の塔（三重の塔として現存）が建っていた。その前に湯気の上がったご飯と水が供えられている。

「あれは……？」

「和宮さんの墓ですんや」

と次男氏。

「何か和宮の遺品でも納めてあるのでしょうか」

と、和明。

「いや、祖父は分骨だと、これを子孫代々供養せいと……」

清之助さんの遺言をしっかり守る次男氏の言葉に迷いはない。

しかし、和宮の分骨とは？

和宮の遺骸は徳川家の菩提寺である増上寺に葬られているはずだ。確かに清之助は和宮の降嫁に際してお供として付き従ったが、そんな中間は何人もいただろう。いったい下々の者に皇女の遺骨を分骨するというようなことがありえたのだろうか。

現代の庶民においてさえ、よほど生前から縁のある者でなければ考えられない。

それ以上に辻褄が合わないのは、当時の上層階級が土葬だったことである。土葬の遺骸からどのように分骨するのだろう？

疑問を持ったものの、父は和宮の分骨がその墓にあることを信じるんです。父は大本でもタブーとされてきた王仁三郎の有栖川宮熾仁親王落胤伝説を追跡し、それがほぼ事実であるという確信を深めていたんですが、そのときにこの墓のことを知るんですね。

「有栖川宮家が廃絶《はいぜつ》された現在、和宮の魂が引き寄せたいのは、愛しい熾仁の血を継ぐ王仁三郎であり、そして自分にほかならなかったのではないだろうか……」

そう考えた父は、寂しい和宮の御霊《みたま》を慰めることができればいいと考えて、1975年8月、生まれて初めての祭主を買って出て、有志の人たちと八木弁の生家にある「和宮の墓」の前で和宮慰霊百年祭を執行します。

1975年10月1日付の『人類愛善新聞』（注・王仁三郎が創立した人類愛善会の機関紙）は、その模様を次のように書いています。

「……この塔が和宮の墓であるなど、ほんの最近まで近所の人すら知らなかった。それが八木家の人以外に知られたのは昭和四十五年、出口和明氏が『大地の母』執筆の際、調査のため八木家を訪れてからである。和明氏は『大地の母』で出口王仁三郎師の若き日の事跡を調べていた。特に〈王仁師の有栖川宮熾仁親王落胤説〉の調査に没頭していた。その途中、この事実を知らされたことに、〈何か因縁のようなものを感じる〉と和明氏は言う……」

王仁三郎が若い頃に交際していた女性という予想もしなかったところから、熾仁親王の許嫁《いいなずけ》であった悲劇の皇女・和宮の影が浮かび上がってきたんですね。

加治　和宮の左手は、殺害されたときに切られたんだと思います。東京の増上寺の発掘調査で墓をすみずみまで調べたけれど、やはり左腕がなかった。大学の教授を含む調査団も、理由はわからないと言っている。

出口　読者の皆さんに詳しい状況を説明しておきましょうか。私の父が『大地の母』12巻の出版に漕ぎつけた1971年、取材を手伝ってくれた大本の信徒・禱《いのり》正巳氏からラジオ放送の録音テープが送られてきたんですね。

それは「人生読本」という番組を録音したもので、出演者は元東京国立博物館資料室長だった鎌原正巳氏でした。番組では東京港区・芝の増上寺の徳川廟《びょう》改葬工事の話の流れで、和宮の遺骸は胸に1枚のガラス写真を抱いていたが、ある不手際からその写真の映像は永久に失われたこと、そして和宮の遺骸にはなんと左の手首がなかったことなど奇怪な事実が語られていたんです。

編集部　和宮の死はいろいろ謎めいていますね。

出口　それで、父は写真を見たという山辺知行さんという方を探し出し、訪ねます。

増上寺の徳川家霊廟には、第2代将軍・秀忠をはじめ、徳川家ゆかりの人々の墓が並んでいますよね。この墓所は戦争のせいで荒廃したままになっていましたが、1958年に改葬工事が行われることになり、東京大学理学部長だった小谷政夫さんを代表とする総合調査が行われたんです。国立博物館染色室長であった山辺さんは、副葬品調査のために参加していたらしいんですね。

第2代秀忠、第6代家宣《いえのぶ》、第12代家慶《いえよし》に続いて、1958年12月20日、静寛院宮親子内親王《せいかんいんのみやちかこないしんのう》、つまり皇女和宮の墓地の改葬および調査が始まりました。翌1959年2月5日、徳川家第17代当主の家正《いえまさ》氏が立ち会った上で、初めて柩《ひつぎ》のふたが開けられました。

ところが、ほかは座棺《ざかん》ばかりだったのに、和宮は唯一、寝棺で葬られていたというんです。朽ち果てた三重の木棺の床に敷きつめられた石灰《せっかい》の下に、副葬品はありませんでした。

ほかの墓には服飾品や装具があったのに、和宮の墓所には何もなかったんです。正確にいうと、足元にかすかに絹の細片が散っていたらしいんですが、それだけでした。

編集部　孝明天皇の（異母）妹で将軍の正室だった方の墓がそんなだなんてありませんね。

出口　北に向けて横たわり、わずかにひざを曲げて静かに横たわっている華奢な遺骨、そして切り揃えられた黒髪……。

「まるで遊び疲れた子どもがうたた寝しているような」と、立ち会った山辺さんは、取材した父に対して印象を語ってくれたそうです。

加治　僕は、あの埋葬の仕方に愕然《がくぜん》としたんです。昔は高貴な人はみんな座葬《ざそう》で、副葬品があって着物も着ているけれども、和宮は、ほとんど裸でベローンと横向きに埋葬されている。

出口　そうですね。見るべき副葬品こそなかったけれど、このとき山辺氏は重大な遺品を1つ発見し、その後、思わぬ不手際からこれを失う羽目になります。

和宮の両腕の間にちょうど今まで抱きしめていたかのような形で、小さなガラス板が落ちていたんです。山辺氏は懐中鏡か何かの裂地《きれじ》の部分が腐朽《ふきゅう》したものだろうと思い、採取して持ち帰りました。

その夜、山辺さんは、博物館の仕事場で採取物の整理をしていました。和宮の

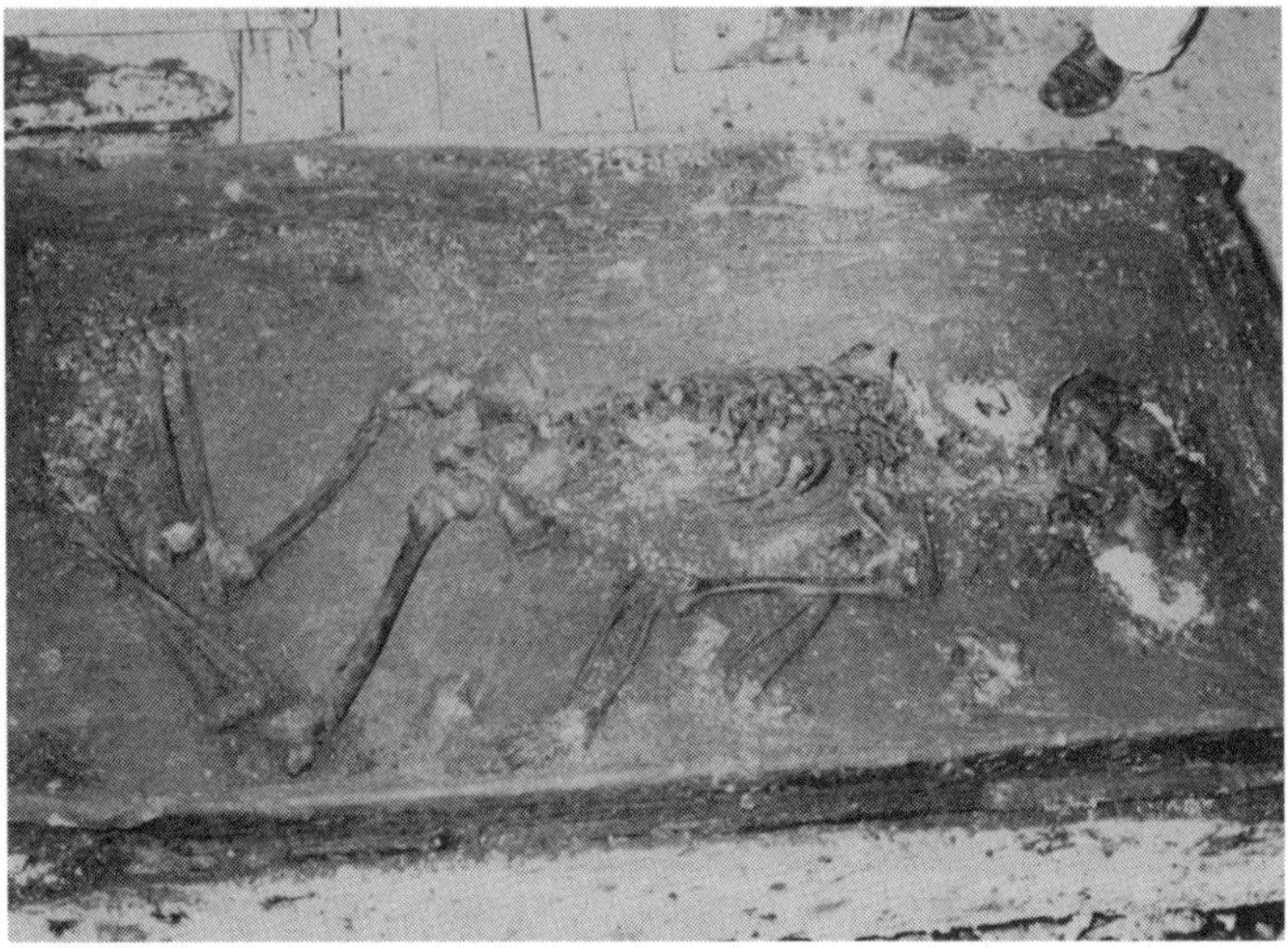

和宮の埋葬状態（『骨は語る　徳川将軍・大名家の人びと』鈴木尚　東京大学出版会より）

抱いていたガラス板をふと電灯の光に透かしてみると、何かが写っているじゃないですか。それはおぼろげながら長袴《ばかま》の直垂《ひたたれ》に立烏帽子をかぶった姿のまだ若い男子の立像ではないか。

これはいったい誰だろう？　和宮の夫だった家茂将軍の写真だろうか？　それとも……？

1人で見つめていると、暗い廊下をこつこつと足音が近づいてくる。守衛のHさんという方でした。

呼び止めて、山辺さんは墓から持ち帰ったばかりのガラス板を見せたというんですね。Hさんもガラス板に写った像を認めました。

自分1人の想像や錯覚ではなかったんです。だってHさんと2人で見たのですから。

これは昔の湿板《しっぱん》写真に間違いない。明日になったら明るい光の下でよく調べよう。そう思いつつ、山辺さんは翌日を楽しみに、その写真板を仕事場の台の上に立てかけておいて、家へ帰りました。

直垂長袴は幕府に出仕するときの武家の柳営《りゅうえい》出仕の服ですから、はじめは家茂だと思ったらしいんですね。家へ帰っても、そのおぼろな像が脳裏に焼きついて離れませんでした。

しかも、だんだん家茂将軍ではなく、和宮の許婚だった有栖川宮熾仁親王なのではないか、という思いにとらわれていきます。

翌朝、博物館へ出るなり、さっそくその板を取り上げてみた。ところがなんと、ただの素通しのガラスになっていたというんです。

編集部　貴重な史料が……。

出口　机の上に立てておいたのが運のつきでした。あわてて隣の文化財研究所に持ち込みましたが、「土の中に埋まっていてこそ、100年でも200年でも残るけど、陽の光に当ててしまったら、もう復元できません」と、突き返されます。

和宮が骨となっても抱き続けた幻の人というのは誰だったのか？　今となって

は永遠の謎ですが、生きているうちには添うことが許されなかった恋しい人・熾仁親王の幻影を胸に抱いていたのではないか。あるいは侍女の誰かが、あまりにも寂しい宮の遺体にこっそりと忍ばせてくれたのでしょうか。

しかし、和宮の遺骸に関しては、この消えた写真をも上回る奇怪な謎があるんです。骨格の保存状態は良好であるのに、なぜか、左手首の関節から下が発見されなかったというんですね。

庶民だって、親の死骸は大切に葬るものですよね。ましてや皇女であり将軍の正室であった女性の遺骸が、粗末に扱われたはずはないんです。

加治　和宮は天皇の妹で将軍の奥様、スーパースターです。しかし手首はないし、ほとんど裸体だし、副葬品もない。こんな埋葬はあり得ない。

第一、葬儀に徳川慶喜も、有栖川熾仁も、明治天皇も来てないじゃないですか。弔辞《ちょうじ》すらない。だから、やはり殺された可能性は大きい。

しかも、殺されてすぐに埋葬されたのではないと思う。どこかに相当の期間保管されていた。

僕は箱根の阿弥陀寺《あみだじ》だと思うんですが、そこに何年か隠されていて、明治10年に増上寺に移された。乱雑に寝たまま硬直している状態だったから、座葬も何もできなくて、そのまま埋葬した。

副葬品がまったくないのも、死んで相当経ってから埋葬したから身辺のものはすでに処分されている。これで謎が解けます。

僕は完全に暗殺説です。病死では絶対にない。

出口　八木清之助は連絡係みたいな形でずっと和宮に仕えていたのでしょう。たぶん暗殺のときも現場近くにおり、暗殺されたのを見て、体全部は運べないから、左手首だけを持ち帰ったのではないでしょうか。

加治　墓を発掘しているときに、祖母が和宮の祐筆《ゆうひつ》をやっていたという女性から、自分は和宮が暗殺されたと聞いているという手紙が、発掘のリーダーと朝日新聞社に送られているんです。祐筆というのは、文書・記録作成係ですね。

出口　そうなんです。和宮の侍女であったという1人の老女から、朝日新聞と調査団に投書が舞い込んだんですね。

明治初年の頃、和宮が岩倉具視と、若干の供廻《ともまわ》りを連れて江戸から京都に向かう途中だったそうです。その供の中に投書の主のおばあさんに当たる祐筆がいたのです。投書は箱根山中で賊に遭い、防戦中に自害されたという内容でした。差出人が匿名であったこともあり、この投書は真偽不明という扱いをされたようです。しかし、正式な発掘調査報告書である『増上寺徳川将軍墓とその遺品・遺体』（東京大学出版会）の本文中に「（昭和三十四年）三月〇日（引用者注・原文ママ）、静寛院宮の臨終について朝日新聞社、および調査担当官に投書が来る」の一行が記録されているところからすると、そこにはやはり何か引っかかるものがあったのではないでしょうか。

投書の原文は、調査団の1人である鈴木尚氏の著書『骨は語る　徳川将軍・大名家の人びと』のあとがきにも掲載されているので、巻末に転載しておきますね。

鈴木氏は「達筆で認《したた》められたこの手紙は、教養と自信であふれていた」と書いています。

編集部　確かに立派な文章ですね。

出口　さらに、あとがきに、

「和宮の遺骨には、刃の跡その他の病変部は認められなかった。ただ不思議にも左手首から先の手骨は遂に発見されなかった」

「可能性としては晩年の和宮に、彼女の手がなくなるような何かが起こったか、あるいは秘されてはいるが和宮が何かの事件に巻き込まれたのか、ということになろうか。私は、前述の匿名婦人の説にも、時間的に不自然な点があるのですぐに肯定するものではないが、ことによると、墓誌銘に伝えられるような脚気《かっけ》がもとで薨去《こうきょ》せられたのではなく、何か別の事件、たとえば投書の内容に似た事件にでも、巻き込まれたことがあっての御最期であったかもしれない。今となっては判断のしようもないが、何とも不思議な話である」

と書いています。

また、投書に「お手許品も何も入れず」とあるのも、消えた湿板写真以外に副葬品がなかった事実と一致していますね。ちなみにほかの将軍夫人たちは、華やかな副葬品と共に葬られているんですね。

公式記録によると、和宮は明治2年1月18日に東京（江戸）から京都に戻り、明治7年7月に再び京都から東京に移り、明治10年に脚気療養のため箱根塔之沢《とうのさわ》で湯治中に死去したことになっています。

この点で匿名婦人の投書は年代が少し合いませんが、和宮の自筆の日記『静寛院宮御日記』が明治5年で終わっているのは少し気になるところではありますね。鈴木尚氏の言うように、今となっては事実がどうだったかはわかりません。しかし、もしも亀岡の八木家の塔に眠っている「分骨」が和宮の左手首だったとすれば、すべての辻褄が合うことも確かです。

編集部 確かにそうですね。

出口 では、匿名婦人の投書が何らかの事実を伝えているとしても、なぜ明治政府はその事実を隠ぺいする必要があったのでしょうか。

確かに、皇女が盗賊に襲われて死亡したというだけでもスキャンダルであり、治安責任者のみならず政府の責任が厳しく問われることになります。しかし、本当にそれだけなのか。

匿名婦人の投書に、岩倉具視の名前が挙がっているところも気になります。岩倉具視は和宮の降嫁を強引に進めた冷血な策謀家であり、しかも後で述べるように孝明天皇密殺謀議の首謀者とされる人物なんですね。

加治 八木清之助は筆商人をやっていたというのは表向きで、裏の連絡係だった。筆行商の八木清之助と投書にある祐筆が会うのは自然で、疑われません。こうして有栖川宮と和宮をつないでいたと見ています。

出口　当時、筆商人というのは筆を売るのを口実に全国を行脚していくのですから、スパイが多かったんですね。八木清之助は、和宮と有栖川宮との間を行き来し、さらに七卿落ちのときに長州にも行っていますから、みんな顔見知りで、それぞれから情報をもらって流していたのではないかと思います。

清之助は和宮に対しては、当然自分の主人という思いがあったので、殺害現場から手首を持ち帰って自分の家の裏庭に埋めて、ずっと拝んでいたのではないかという気がします。

編集部　和宮が殺されたのは、明治天皇のすり替えと関係があるんでしょうか。

出口　これも推測ですが、もし和宮が生きていて明治天皇と会えば、別人だということが当然わかってしまいますね。

加治　和宮というのは相当頑固な女ですから、新政府へ服従することに難色を示していた。また、負け組の北朝の勢力が和宮を立てて、何かを仕掛けようという動きもあったことは推測をまちません。

和宮というのは、旧孝明天皇派の公家にも旧幕府勢力にとってもシンボルです。

彼女がジャンヌ・ダルクのようにトップに祭り上げられると、明治政府にとってはピンチです。

出口 和宮は公武合体の象徴ですし、無血開城のときも裏で動いていたわけだから、かなり政治的な人物ですね。

和宮は箱根で殺害された？

加治 和宮の片腕を八木清之助が持ってきて埋めたということは、清之助は殺害現場に居合わせていた。

出口 たぶん後をついていったんでしょうね。

加治 八木清之助の子孫が和宮の片腕を祀っていると言われているけれども、その手はまだ誰も見ていないわけですね。

出口 見ていないですね。八木清之助が埋めて、祀るようにと家族に言い含めたんでしょうね。

加治　僕はその点については嘘はないと思っているんです。嘘をつく理由がないんですよ。

いつ頃から祀っていたかという証拠もないけれども、増上寺の和宮の墓を発掘したら左手がなかった。この事実を知ってから、発掘後にあの塚を建てたのならわかるけれども、その前からあったわけでしょう？　偶然の一致は考えられない。本当ですよ。それに嘘だったら、何代にもわたって墓守《はかもり》みたいなことを、バカバカしくてわざわざ引き継ぎませんわね。

今だにちゃんとやっている。

出口　しかも、八木清之助が左手を埋めた後に遺体には左手がないということがわかったんだから、偶然とは思えないですね。

和宮の殺害現場に居合わせたとしたら、たぶん箱根あたりだと思うんですが、遺体全部は運べないですから、その一部を持って逃げたのではないか。八木清之助が切るわけがないから、きっと殺害されたときに手首を切られてしまったんでしょうね。

編集部 和宮の左手がないことに関しては、アカデミズムは特に何も調査しないんですか。

加治 発掘調査をした東大の鈴木尚教授が書いた『骨は語る　徳川将軍・大名家の人びと』という本のあとがきに、先ほど述べたように「不思議にも左手首から先の手骨は遂に発見されなかった」「晩年の和宮に、彼女の手がなくなるような何かが起こったか、あるいは秘されてはいるが和宮が何かの事件に巻き込まれたのか、ということになろうか」と書いてあるんですが、あの人は突っ込みがすごく甘いんですよ。

例えば、前に触れたように、昔は高貴な人はみんな座葬だったのに、和宮は、ほとんど裸でベローンと横になっていた。それだけでも完全にアウトで、あんなひどい埋葬の仕方はあり得ない。そんなのはとんでもなく異常だ！　って言わないんですよ。

出口 家茂だって、病気で死んだことになっているけれども、まだ21歳で、馬に乗って江戸から大坂まで総大将としてやってきたのに、病気で突然死ぬなんてあり得ない。でも、歴史学者は誰も病気で死んだという説に異を唱えない。

加治 しかも、繰り返しになるけど、英国船に乗って江戸に帰ってきたというのは絶対おかしい（笑）。攘夷をやれと言って大坂城に入って、帰りは夷敵から買った船に乗って帰るというのが武士道なのか、ってことです。

出口 やはりイギリスが絡んでいたのでしょうね。

加治 家茂の周囲に開明派が相当入っていました。これは勝海舟のラインでしょう。

出口 倒幕派にとってみれば、孝明天皇がいれば絶対に倒幕は不可能ですし、家茂がいても当然不可能です。そこへ、どちらも若くて元気いっぱいなのに、家茂が21歳で病気で死んで、その半年後に孝明天皇が突然死ぬ。

それは偶然とは普通は考えないけれども、歴史ではそれがまかり通ってしまっている。あり得ないことを、堂々とあったことにしてしまう。きっと昔はそれで通ってしまったん

勝海舟は家茂の死を知り、「徳川家、今日滅ぶ」と日記に書いたとされるが、そのとき勝は何を思ったか？

でしょうね。

和宮の戒名はなぜ「親王」なのか

加治　和宮は箱根の温泉で脚気の療養中に亡くなって、最初は箱根の阿弥陀寺という寺で仮葬儀が行われた。

僕は現地を回り、阿弥陀寺にも行ってきました。そこで気づいたのですが、阿弥陀寺にある和宮のお位牌に刻まれている戒名が「静寛院殿二品親王《せいかんいんでんにほんしんのう》」となっているんです。

おかしいと思いませんか。和宮は女性だから「内親王」でなければならない。

僕はびっくりして今の住職さんに聞いたら、「理由は全然わからない」とおっしゃっていました。

家茂はもう死んでいるので未亡人ですが、徳川家に嫁いでいるので、徳川家の菩提寺、増上寺で本葬が行われます。そのときに阿弥陀寺からお位牌が届くわけです。

増上寺は「親王」の位牌にびっくりした。「内親王」にしろと阿弥陀寺に言ったけれども、当時の住職はこれでいいんだと頑として直さなかった。

僕はいろいろ考えました。女性は「内親王」です。ところが「親王」となっている。さらに「宮」でなければならないのに「殿」となっているんです。あんな位牌の書き方は見たことがない。

で、「親王」と書いたのは確信犯ではないかと思ったのです。つまり、孝明天皇の子、本当の明治天皇になるべき睦仁親王も箱根でやられて、阿弥陀寺に葬られたのではないかと思ったんです。「親王」というのは、きっと睦仁親王のことだとね。

無論、明治新政府は睦仁の死は認めませんね。なんとなれば明治天皇でなきゃならんのですから。しかし寺の住職は骨のあるお坊さんで、睦仁親王も祀りたかった。つまり、2人一緒にです。

そこで和宮の位牌に「静寛院」と「親王」「殿」と2人分を入れ込んだ。それ

右／阿弥陀寺にある和宮のお位牌の戒名は「静寛院殿二品親王」となっている。左／和宮の姑に当たる天璋院。皇室出身者と武家出身者の生活習慣の違いもあり、和宮と篤姫の間には嫁姑問題が発生したが、後に和解したとされている

で和宮の位牌の戒名が「静寛院殿二品親王」になっているのではないか。阿弥陀寺の抵抗の証《あかし》ではないかと思うんです。

僕の仲のいい坊主に聞いたら、女性を「親王」など100%あり得ないし、間違っていたらすぐ書き換えると言っていました。

それに、増上寺の位牌の方は、ちゃんと「静寛院宮二品内親王」と書いてある。増上寺も宮内庁も、おかしいから書き換えろと言ったと思うけれども、阿弥陀寺は逆らって書き換えず、今でもそのまま祀られている。

出口　阿弥陀寺のホームページでは「静寛院殿」の「殿」は貴人の尊称で、徳川家

に降嫁された和宮様の場合は敢えて「宮」とせず「殿」としたのではないかと説明されていますね。また、「親王」については、宮様の場合の位階は「一品条」によるもので、一品条には「一品、二品、三品、四品」の4階級があり、これには「内親王、皇女」の区分けはなく男女とも「親王」として記載されているので、「二品内親王」とせず「二品親王」としたと推察されると書かれています。

それでも、なぜ増上寺とは違うのかという謎は残りますね。

加治　苦しいですな。ムチャクチャなこじつけです（笑）。

和宮は甥の睦仁親王を小さいときからよく知っています。それだけならまだしも、和宮はすごく頑固で、プライドが高かった。

テレビドラマを見てもわかるように、大奥に入ってからも姑の天璋院《てんしょういん》※（篤姫《あつひめ》）とガンガンやり合って、本当に言うことを聞かない。だから、「もうダメだ、やっちまえ」ということで、始末されたというのが筋書ではないでしょうか。

※天璋院
第13代将軍徳川家定の正室。幼名は於一《おかつ》。薩摩藩島津家一門に生まれ、島津斉彬の養女（篤子《あつこ》と改名）となり、五摂家筆頭・近衛家の養女（敬子《すみこ》と改名）となり、近衛家の娘として徳川家に嫁いだ。家定の死後、落飾して天璋院と称した。

始末された時期は言われている時期よりもっと早くて、箱根のどこかで殺されて、そのまま阿弥陀寺に安置。阿弥陀寺の方も困ってしまったけれども、怖い政府、伊藤博文の命令ではどうにもならない。このままでは仏が浮かばれないし、真実を知らせたい、「後の世の人がこれを調べてほしい。気づいてほしい」ということで、そのときの住職が「親王」と、お位牌に疑問を持たせる戒名にしたのではないかと思います。

編集部 睦仁はいつ殺されたんでしょうか。

加治 誘拐する方の立場から考えると、何があるかわからないから、すぐには殺さないと思う。1年か2年、情勢が安定するまで様子見でしょうねえ。その間は幽閉し、本当に用済みになったときにやる。

場所は箱根だと思うんです。陸の孤島だから、隠すには最適ですよ。**阿弥陀寺は、睦仁親王と和宮の2人のご遺体を引き取った。**これはあくまで僕の個人的な推測です。

明治天皇すり替えに関しては、とにかく証拠がたくさんある

編集部　ではいよいよ、本書のメインテーマ、明治天皇のすり替えについて、お話しいただけますか。

加治　とにかく証拠がたくさんある。

まず、**睦仁親王（孝明天皇の息子）と明治天皇では体格があまりにも違う。**睦仁親王は、本当にひ弱で、女のようだった。公家やら女官たちの証言が腐るほどある。

睦仁親王が13歳の頃、お母さんが「この子は体が弱いし、天皇の職は全うできないのではないか」と心配したぐらい、ひ弱だった。ところが、明治天皇は身長170センチ。これは今で言うと180センチに相当します。

出口　当時としてはかなりの長身ですよね。

加治　堂々たる体格で、武士たちと相撲を取ったというんです。メチャクチャ

ですよ。そんな天皇がどこにいますか。

体を動かすのはせいぜい蹴鞠《けまり》で、あとは茶会、歌会です。ところが明治天皇は力自慢の山岡鉄舟《てつしゅう》と腕相撲をして1勝1敗だったという。これじゃヘラクレスです。

というのも、大室寅之祐は長州で力士隊に所属していたという有力な説があるんですね。力士隊に所属していたなら、相撲が強いのは当たり前です。

しかも、裸馬《はだかうま》（鞍《くら》を置いていない馬）を乗りこなした。天皇というのはやんごとなきお方ですから、みんな牛車《ぎっしゃ》に乗っていたんです。馬など汚らわしい下々の乗り物です。

しかも、孝明天皇は大の外国嫌いで攘夷と言っていたにもかかわらず、明治天皇はたちまち洋服を愛用し、ワインを毎日飲んでいた。これは有名な話です。

また、ダイヤなどの宝石を大量に買って伊

明治天皇は剣術家・政治家で無刀流剣術の流祖の山岡鉄舟（写真）と腕相撲をして1勝1敗だったという

藤博文に怒られたという記録も残っている。天皇のイメージではありません。

出口　利き腕とか筆跡も違ったみたいですね。

加治　**睦仁は右利きなのに、明治天皇は不思議にも左利きになっている。**

出口　当時は天皇が左利きというのはあり得ない。子どものときに必ず矯正しますからね。

あくまで状況証拠というか推測ですが、加治さんが書かれたように、睦仁親王というのは非常に小さくて病弱で、禁門の変のときには怖くて失神したという記録も残っています。なのに、相撲を取るような頑丈な体に突然なるなんて、あり得ない。

加治　先ほど挙げた以外にも、明治政府自ら、天皇すり替えをなぜか、少しずつ小出しにしています。なぜそんなことをしたのか。その詳細は拙著『幕末　戦慄の絆』に全部書いてありますので、そちらをご覧いただければと思います（笑）。

実は明治天皇自身、すり替わった自分こそ、正統な天皇だということをずっと公言したかった。

鎌倉時代の後、室町時代の前に、天皇が南朝と北朝の2つに分かれて殺し合った歴史が56年間ありました。南北朝ですね。

その結果、北朝が勝った。それからずっと続いてきているから、今上天皇は125代目の北朝の天皇ということになります。ということは、明治天皇も北朝です。

しかし、実際には南朝にすり替わっている。

編集部 明治天皇は、自分は南朝だということを公《おおやけ》にすることはできなかったのでしょうか。

加治 そんなことを言えば政権を握った連中がぶっ飛びます。伊藤博文とか周囲が必死に抑えた。

出口 明治天皇自身が徐々に絶対的な権力を持っていきますから、皇居のそばに楠木正成像をつくったり、南朝の皇族や武将を祭神とした南朝神社をつくって、最後は南朝こそが正統だと明治天皇が聖断を下す。こんなことは北朝の天皇だったらあり得ない。

加治 楠木正成のでっかい銅像を皇居前にドンと置きましたが、あれは南朝の後醍醐の守護ですよ。北朝天皇が殺し合いの大戦争をやらかした敵の英雄をたたえるなんて、そんなバカな話はない。ホワイトハウスに東條英機の像をつくるようなものです。

拙著『幕末 戦慄の絆』にも載せたんだけど、明治天皇がやらかした「南朝賛美」の事業を挙げておきましょう。

○1869年（明治2）鎌倉宮創建をはじめ、南朝関係者を祀る神社建立と再興、贈位などを行う。
○1877年（明治10）元老院が、天皇正史として北朝天皇から南朝天皇に切り替えた。
○1889年（明治22）南朝の皇族、部将を祭神とし、建武[※]の中興15社の建立を命じる。

皇居外苑にある楠木正成像

※建武の中興
1333年（元弘3・正慶2）6月、後醍醐天皇が鎌倉幕府を倒して京都に還幸し、天皇親政による復古的政権を樹立したこと。翌年建武と改元して公家一統の政治を図ったが、足利尊氏が離反したため、2年半で崩壊した。その後、後醍醐天皇は吉野に移って南北朝時代となる。建武の新政とも。

建武の中興15社というのは、後醍醐天皇を祭神とする吉野神宮（奈良県吉野郡）のほか、後醍醐の息子たちを祀る鎌倉宮（祭神は護良《もりよし》親王／神奈川県鎌倉市）、井伊谷宮（祭神は宗良親王／静岡県浜松市）、八代宮（祭神は懐良《かねよし》親王／熊本県八代市）、金埼宮《かねがさき》（祭神は尊良《たかよし》親王と恒良《つねよし》親王／福井県敦賀市）等のことです。また、楠木正成を祀る湊川神社や名和長年を祀る名和神社をはじめ、南朝の武将を祀る神社を続々とつくった。

岩倉具視も、南朝が正統であるということで、後醍醐から後亀山の南朝1〜4代を正統な天皇と認め、従来定めていた96〜100代の北朝天皇を正統から外しました。それまでは、北朝を77代、78代、79代としていたのに、北朝を廃止し、北朝の天皇を北1、北2、北3なんて住所みたいな記述にしたんです。

それにともなって、1883年（明治16）岩倉具視、山縣有朋主導で編さんした『大政紀要』で、北朝天皇の「天皇」の号を廃し、「帝《みかど》」に改めている。つまり、**「北朝」を天皇と呼ぶな、「帝」と呼べ！**　とこうなった。

そして1911年（明治44）2月4日には帝国議会は南朝を正統とする決議を行う。

いいですか。北朝天皇である明治天皇のもとの帝国議会で、なんでわざわざ北朝天皇と南朝天皇のどちらが正統かなんて議論が出るんです？　そんなのは不敬で本来なら恐ろしい議題です。

いったい誰が命じたのか。絶大なる権力を握っている明治天皇その人以外考えられない。で、**明治天皇は死ぬ1年前、「南朝が正統である」とのご聖断を下します。**

国民はわけがわからない。「正統じゃない方が今の天皇？」と「？」が千個くらい飛び交います（笑）。明治天皇は自分のお父さんやおじいさんのことまで正統じゃないとひっくり返してしまって、親不孝ですよ。

明治天皇は、堂々と言いたかったのです。「自分は南朝で、南朝こそが正統なんだ」と宣言したかった。もう仮面は外したいとね。

長州も岩倉も、明治革命の後、南朝が正統であるということを宣言しようとしていた。

となると、北朝の血筋に当たる有栖川宮は当然邪魔です。天皇になりそうな有栖川宮を葬って、国民に南朝が正統なんだと少しずつ知らしめて、バーンと発表しようとしたのではないか。

ところが、いざとなると、北朝勢力はあちこちに温存されていて、スポンサーもいっぱいいつくし、ついに言い出せなかった。言わないでこのまま保守的にいきましょうという話になった。

編集部 昭和天皇も、尊敬する天皇は後醍醐天皇と明治天皇だと、まさに南朝側に立った発言をしていますね。

加治 明治神宮に行くとわかりますが、驚くことに明治天皇の奥様のことを「皇太后」と書いてある。皇太后というのは天皇のお母さんのことです。

天皇の奥様は皇太后とは絶対に言わない。ご存じのように「皇后」です。

大正の政治家も昭和の政治家も、「あれは間違いだろう。とんでもない不敬である」と宮内庁に抗議したが、宮内庁の上層部は本当のことを知っていますから、「申し訳ございません。あれは確かに間違っているけれども、明治天皇がこれでいいと言ったから、直すことはできません」と答えている。

明治神宮のホームページにも、直せない理由として、

①天皇より御裁可されたものはたとえ間違っていても変えられない。

②すでに御神体に御祭神名がしるされていて、御鎮座の日までに新しく造り直すことが無理。

の2点が挙げられています（http://www.meijijingu.or.jp/qa/gosai/12.html より）。

苦しい言い訳ですが、しかし、それは**明治天皇から見たら当たり前で、「明治天皇の妻」の一条美子《はるこ》さんは自分の妻ではなくて先帝、睦仁親王の妻なんです。**ちゃんと睦仁親王と結婚式しているんですから。

2014年4月、明治神宮で「昭憲皇太后百年祭」が開かれたが、このときのポスターにも「明治天皇の皇后・昭憲皇太后」と記されている

その後、明治天皇が来たけれども、表向きはすり替わっているとは言えない。したがって明治天皇から見ると、前の天皇の奥さん、義理の母となります。

だから、「死んでも皇后とは呼びたくない。あの方は『皇太后』だ」と言い張って明治天皇は亡くなったんです。明治天皇が一条美子さんと一緒に過ごした記録は、ほとんどありません。

これだけいろいろな証拠があっても、まだ日本では何も議論が起こらず、みんな何事もなかったように平気で過ごしている。妙な民族です。

天皇すり替えというのは、もっともっと世に認知させないといけないと、ずっと思っているんです。僕は哲学者でも政治家でもないから、天皇制がどうのこうのという議論はあまり興味がないけれど、真実として世に広めたい。

もう1つおもしろいことがあって、「大正」と「昭和」と「平成」という元号です。天皇が践祚《せんそ》（皇位を継承すること。先帝の崩御による場合と譲位による場合の2つがある）した時点で変わるんですが、明治だけは違っていますね。

孝明天皇崩御後、すぐ睦仁が践祚します。ところが次の明治天皇即位の礼までに1年以上もの間が空きました。

「明治」という改元の詔書が出されたのはさらに遅れて1868年（慶応4）9月8日なんですね。それも同年1月1日まで9カ月さかのぼって明治元年とすると定められました。つまり、こういう流れです。

1866年（慶応2）12月25日　孝明天皇崩御
1867年（慶応3）1月9日　睦仁親王践祚
→　1年7カ月の空白　←
1868年（慶応4）8月27日　明治天皇即位の礼
1868年（慶応4）9月8日　同年1月にさかのぼって明治へ改元

歴史学者は何もつつかないけれども、即位までに1年以上もかかっていること1つとっても異常なことです。

出口　本当にそうですね。

加治　関西に講演に呼ばれるのですが、この話をすると吉野とか奈良のあたりには先祖が南朝の連中がいっぱいいて、「明治天皇がすり替えられたのは当たり前のことで、今は大室寅之祐から続く南朝ですよ。よくぞ言ってくれました」と、激励してくれます。おばあちゃんから聞いていましたとかね。だから、先日も大阪の講演会があってその話をしたんですが、すごく盛り上がって……。

出口 時代が変わりましたね。そのうち政府の側も何がしか対応しなければならなくなるかもしれませんね。

加治 日本史における闇です。もう少し広まったら社会問題になると思います。

出口 今はその前夜というか。

加治 有栖川宮さんに話を戻しますが、有栖川熾仁は幕末に相当な役割を果たしているのに、有栖川公園1つが残っているだけで、彼は歴史から消されているんですね。全然登場しない。

岩倉具視、三条実美、伊藤博文たちに100パーセント利用され、棄てられました。まずは、八月十八日の政変（七卿落ち）のときです。あれは実は3つの部隊に分かれた武力革命です。

1つは、奈良で三条と長州が兵を挙げる。もう1つは、中山忠光が吉野に入って、※十津川郷士《とつがわごうし》や土佐の天誅組と挙兵する。

※十津川郷士
大和（奈良県）吉野郡十津川地方の郷士のこと。「十津川千本槍」などと称し、全郷民が南朝の遺臣と伝えて

いる。太閤検地以来、郷中一千石が年貢赦免《しゃめん》地となり、郷士45名は扶持米《ふちまい》を受けた。1863年に皇室領となり、天誅組の蜂起の際には多くの郷士が参加した。

あとは、**有栖川宮熾仁さんです。彼は東征大総督になった。つまり、あのタイミングで、三条実美が有栖川宮を西側の全軍隊のトップに任命したのです。**

分かれた3隊がワーッと御所を攻めるはずだった。しかし、その前に孝明天皇が、俺は殺されると言って薩摩に泣きついた。それで長州は京から叩き出されるわけです。

有栖川宮は、そうやって担がれて、利用される人生でした。

孝明に代わって次の天皇にするからという三条、岩倉の甘言に乗っかり、有栖川宮本人もその気になって、親子で頑張るわけです。

ところが、鳥羽・伏見の戦いが終わり、よっしゃと身を乗り出したら天皇の話はなくなって、あれっと思ったらひょっこりと別に明治天皇が出てきた。どんどんわきに追いやられていってしまう。ついにウツになって自殺した、と僕は思うけれども、とにかく歴史からスーッと消えています。

こういう有栖川熾仁さんの真実も、やはりみんなに知ってもらいたい。

出口　僕は敗者の歴史の方が真実だと思うんです。自分の権力を正当化するために必ず改ざんするのは常套手段で、日本の歴史はほとんど勝者の歴史を正史として扱っています。

ＮＨＫの大河ドラマの『八重の桜』を見たときにびっくりしたんですが、滅ぼされていく会津の視点から描くと、まさに歴史観がクルッと違う。でも、あっちの方が本当かなという気がしますね。

加治　正史、つまり正しい歴史なるものがある国は、世界的に見ても日本しかないのではないでしょうか。始まりが『日本書紀』です。つまり、正しい歴史を強調して残そうとしたということは、逆説的に言うと、それは正しくない、不当な形で権力を握ったからでしょう？

そうじゃなかったら、何もしませんよ。当たり前に正しいのですから。わざわざ正史というものを残すからには、必ず理由がある。

『日本書紀』を読むとわかるけれども、自分のルーツは、天からここに来たということを強調している。つまり、本当は世間的にはこれまでの民族とは違う正しくない渡来人の簒奪《さんだつ》王だから、天とつなげて、体裁を取り繕った歴史にしたとい

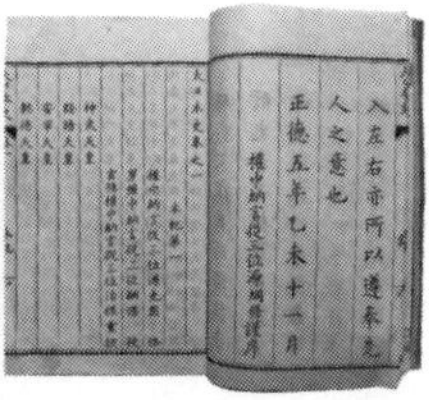

右／北畠親房著『神皇正統記』は南朝の正統性を主張したことで有名（写真は紙本墨書『神皇正統記』六地蔵寺本［茨城県指定文化財］）。左／水戸光圀編『大日本史』は三種の神器の存在を理由として南朝を正統とした

うことでしょうね。

そうではなかったら、正史なんかつくる必要はない。正史なんて、ヨーロッパのどこにもないでしょう?

出口 中国やベトナムなど東アジアにはあるようですけどね。わざわざ国家的な事業として歴史書を編纂していくというのは『日本書紀《き》』から始まっている気がしますね。北畠《きたばたけ》親房《ちかふさ》の『神皇正統《じんのうしょうとう》記《き》』※だって、わざわざ南朝が正統だということを日本史に残すために書かれているし、水戸光圀《みつくに》の『大日本史』※もそうですね。

※『神皇正統記』
南北朝時代の歴史書。北畠親房作。室町時代前期（1343）成立。日本の神国としての成立から後村上天皇までの歴史を通して、三種の神器を正直・慈悲・知恵に対応させ、アマテラスオオミカミの加護と為政原理を現すものと説き、建国の由来やその神聖さによって南朝の正統性を主張した。

※『大日本史』
1657年水戸藩主・徳川光圀の命により着手され、1906年に完成した歴史書。397巻。神武天皇から後小松天皇までの歴史を漢文の紀伝体で編述した。神功皇后を皇位から除き、大友皇子を弘文天皇とし、南朝を正統とした3点が三大特筆といわれる。特に南朝を正統とした点は、幕末の勤皇思想に大きな影響を与えた。

加治 岩倉具視たちは明治になってから、南朝天皇だけを天皇とする、北朝天皇は天皇と呼ばないで「帝」とする、と言い始めて、「北1」「北2」「北3」……としている。必死ですよ。

正しくないから、過去にさかのぼって上書きするんです。STAP細胞の捏造事件なんてかわいいもんです。正史っていったい何です？

大室寅之祐はいつ明治天皇になったか

編集部 具体的には、大室寅之祐は禁門の変のときにすり替えられたんですか？

加治 僕は、鳥羽・伏見の戦いのときだとにらんでいます。そもそもなぜ鳥羽・伏見の戦いがなければならなかったのか。

なぜ岩倉と大久保のビッグツーは偽造の「討幕の密勅」を出さなければならなかったのか。

大政奉還で、勝負あった。将軍は天皇に政権を譲ったわけで、それですべては終わっています。

にもかかわらず、わざわざ滑り込みで「討幕の密勅」を出した。なぜかというと大政奉還だと静かすぎて、すり替えるチャンスがないからです。

平和路線でいくと、どうしても天皇をすり替える状況が生まれないんです。そこで、**鳥羽・伏見の戦いを始め、騒擾《そうじょう》状態のどさくさで御所に突入して、すり替える環境を整えた。**

そうでなければ、鳥羽・伏見の戦いや戊辰戦争なんて要りませんね。だって幕府は政権を天皇に返してケリはついていたわけですから。

最初の鳥羽・伏見の戦いはいろいろ語られていますが、ではいったい、肝心の御所の警備、戦いはどうなっていたのか、という重要なことは一切書かれていないのですよ。封印ですな。

明治になって、御所の人員を総取り替えしています。働いていた女官たちを全部追放して、山岡鉄舟をはじめ、ごっそりと武士を入れてます。見下していた穢れきっている武士を皇居に入れることなどあり得ません。

争乱を作り、御所に突っ込む。すり替えはどう考えても、そのとき以外考えられないのです。

編集部 具体的にいつというのはいかがですか。

出口 1868年が明治維新ですから、その前、1月か2月かな。単純な疑問として、当時、天皇は京都にいたわけですが、江戸開城になって、どの時点で天皇が京都から江戸に移ったのか。それは記録に残っているんでしょうか。

加治 全部記録に残っていますが、天皇が京都から江戸に移るのはだいぶ後ですよ。

出口 では、すでにすり替えられた後に江戸に行った可能性もあるということですか。

加治 もちろん、完全にすり替えられた後。

出口 ということは、京都ですり替えが起こっているということですね。

加治 なぜそう思うかというと、鳥羽・伏見で始まる戊辰戦争は天皇親政なのに、天皇の姿がまったく見えないんです。例えば八月十八日の政変のときには、天皇親政ということで孝明天皇を大和に行幸《ぎょうこう》させて、天皇自らがこれから天下を仕切るんだということを本人に宣言させようとしたんです。そして、大和から幕府に攻め入るというところまでシナリオを書いていた。

すなわち天皇が先頭に立っている。これが天皇親政です。ところが、**鳥羽・伏見の戦い、戊辰戦争では、天皇の姿がどこにもまったくない。**

出口　有栖川宮が総大将ですね。

加治　本当に仁和寺宮《にんなじのみや》（小松宮彰仁《こまつのみやあきひと》親王）という名もない若い皇族が名目上の奥羽征討《おううせいとう》総督になっていて、その下の実戦的な指揮総大将が有栖川宮です。

天皇がどこにもいないというのが、まったくおかしい。勅使を出すこともなければ、檄を飛ばすこともないし、ずっと隠れたまま。だから、天皇はすり替えられており、その間、隔離して教育を受けたり、女官を替えたり、いろいろな対策を講じていた。僕は**武士が皇居の中にすぐ入って、今までの女官や側近を全部解任しているので、そのとき完全に**

戊辰戦争では、奥羽征討総督として官軍の指揮を執った仁和寺宮（小松宮彰仁親王）

すり替わったという説を採っています。

出口　普通に考えたら、孝明天皇は明治天皇すり替え前に暗殺された可能性がかなり高いと思っているんです。睦仁親王は孝明天皇の息子ですから、孝明天皇を殺した人たちにとってみれば、当然その息子をそのまま天皇にさせるわけにはいかない。

かといって天皇を殺すわけにもいかないから、すり替えていくというシナリオを当然考えたのかもしれませんね。

南朝天皇と北朝天皇は部族が違ったのではないか

編集部　後醍醐天皇のときから南北朝に分かれて、その後、家系的に大室寅之祐までつながっていくというのは、先祖が地方に行って、逃げ延びていたということなんでしょうか。

加治　歴史的に天皇、皇族というのは、血脈が大切ですから、女官というお妾さんが何十人、何百人といて、どんどん子どもを産ませていました。その子たちを地方の藩で養子として引き取るのは普通だったんです。だから、ご落胤がいろいろなところにいます。

僕は、南朝天皇と北朝天皇というのは、もともと血といいますか、部族が違ったのではないかという気がするんです。古代、渡来系の勢力があちこちにいて、我こそは王様だと名乗っている。離合集散を繰り返し、そのうち収斂《しゅうれん》された二大勢力が交互に天皇をやろうということになったのではないか。

強力部族同士ですから、お互いに娘を嫁にやったりして、血縁関係もあったでしょうが、やっぱり基本的には違うんだということになる。それがずっと尾を引いていたのではないかという気がするんですね。

出口　歴史的に見ると、もともとは兄弟同士が分かれて覇権を争ったということですが、実はそうじゃないということですね。

加治　無論それもありました。異母兄弟もいたでしょう。娘を嫁にやったりして平和を保とうとした時期もあった。

しかし、最後には武器を持っての大きな戦いになる。南北朝の争いもそうで、その後、南朝が負けて、表舞台から姿を消します。

南朝の系列というのは、どうもバタくさい顔をしているんですね。これは僕の個人的な意見だけれども、後醍醐天皇の肖像画とかを見ても、目鼻立ちがはっきりしていいて、中東系の騎馬民族だったのではないかと思う。

明治天皇も、体はでかいし、毛深い。北朝系のそれまでの天皇は、孝明にしても、みんなお公家さんの顔のような気がします。

出口 南朝は三種の神器を北朝に返して、一応、北朝政権になったと言われていますね。その後、南朝の一部が頑として抵抗したけれども、最後に南朝は滅びるというか、血筋はいったん途絶えたということになっていますね。

ところが、その後も南朝の末裔だという人がいっぱい出てきます。そこから大室寅之祐まで血筋がどうつながっているのか。

その後、室町幕府になって、完全に武家政権になる。そうすると、皇族の争いというのはそんなに大きな問題ではなかったと思うんです。たぶんどうでもいいというか、落ちぶれた貴族たちがどちらが強いか争っているだけで、武士政権にとってみれば、そんなに大ごとではなかった気がするのです。
それが今になって、現在の天皇が北朝か南朝かという問題が一部で話題になっていますよね。それも普通の感覚で言うと不思議なんです。

加治　南北朝で、実際には皇室の力は地に落ちてしまって、江戸末期まで来ました。江戸時代の民衆は天皇の存在すら知らなかった。
江戸時代に何人天皇がいたと思います？　14名ですよ。しかし決して「後西《ごさい》天皇時代」とか「桜町天皇時代」なんて言いません。ぜーんぶひっくるめて「江戸時代」。
ところが、尊皇攘夷で天皇があっという間にスーパースターです。それまでは天皇というのは、公家という大部屋役者の長みたいな扱いだった。

出口　尊皇攘夷の頃から突然天皇が現れますよね。

加治　要するに、開国だ何だともめにもめて、有力藩に突き上げられます。幕府も将軍もだらしないから自信がなくて、結局、責任を転嫁するために「天皇に聞け」となった。そこで天皇の力がグーッと強くなってきた。その尻馬に乗って、反幕府勢力が天皇を担ぎ出すわけです。

編集部 大室寅之祐は奇兵隊で教育されていたんですね。

加治 そう言われていますが、奇兵隊の記録も消されていて、僕も一生懸命調べたけれども、ほとんど残っていなかった。

結局、大室寅之祐が奇兵隊とか力士隊にいたというのは口伝でしかありません。ただ、奇兵隊の力士隊の隊長は伊藤博文だという文献は残っているんです。

編集部 そもそも第2奇兵隊が石城山《いわきさん》につくられたのも大室寅之祐の家のそばだったからではないかという説もあるので、最初から天皇を育てるためという目的があったのかどうか……。

加治 その辺になると、本当に文献がないのでわからないけれども、吉田松陰の功績というのは、南朝天皇の子孫、大室寅之祐を長州が囲って天下を取るという作戦を考えたところにあるわけです。

だから、**吉田松陰が松下村塾※をつくり始めたときには、すでに大室寅之祐は大切にされていた。**それで46人撮り、フルベッキ写真の中に大室が入ることになったのですね。

※松下村塾

幕末、長門萩の松本村にあった私塾。1855年（安政2）、萩の野山獄出獄後の吉田松陰が叔父・玉木文之進の跡を継ぎ、翌年から松陰が主宰し、約2年半にわたって子弟の訓育に当たった。高杉晋作、久坂玄瑞、佐世八十郎（前原一誠）、品川弥二郎、山県有朋、伊藤博文ら、幕末維新期に活躍する多くの人材を養成した。

本物の錦の御旗は孝明天皇が旭形亀太郎に託していた

加治 徳川慶喜は優柔不断のヘナチョコで、結果、ずるずると家来を裏切ることになってしまう。どうにもならない最低の将軍です。こんなことを言うから、僕は今の徳川家から嫌われるんですけど（笑）。

編集部 榎本武揚《たけあき》は最初から新政府軍に通じていたのではないか、とお書きになっていますね。最後まで戦ったというイメージがあるんですが、明治以降、榎本武揚は大臣にまでなっている。

加治 「蝦夷共和国総裁」。いってみれば敵の大将ですよ。普通だったら処刑されるでしょう。

ところが、あれよあれよと逓信大臣、文部大臣、外務大臣、農商務大臣と総ナメです。榎本と五稜郭に立てこもった部下の林　董《※はやしただす》なんて、後に英国公使になりますが、堂々と英国フリーメイソンのエライさんになっている。

※林董とフリーメイソン
林董（1850～1913）は幕末の幕臣で、1902年（明治35）1月30日に、在英日本公使としてロンドンで日英同盟に調印した。1903年5月、イギリスのエンパイア・ロッジにてフリーメイソンに入会した。

しかも、林は岩倉使節団にもちゃっかり入っている。反政府勢力として最後まで籠城《ろうじょう》した男が、なんでそんなことになるのか。

林董は榎本の腹心ですから、やはり薩長の手駒として動いていた。それしか考えられません。

客観的に見て、徳川慶喜は敗軍の大将で、周りが会津も含めて次々と滅ぼされているのに、1人生き残って、明治維新後に結構な貴族になる。裏取引の成果です。どこかで密約があった。

徳川慶喜は最後まで裕福です。明治政府がつくった国策会社の株を相当もらった、とんでもないやつですよ。普通だったら腹を切れ！　でしょう。フランス革

南朝復興グループのアジトだったという説もある松下村塾

右／榎本武揚は幕府の海軍副総裁であったが、明治維新のあと新政府でも重用され、海軍卿・逓信相・外相等を歴任した（写真は晩年の榎本武揚）。左／在英日本公使時代に、イギリスでフリーメイソンに入会した林董

命ならギロチンですよ。

出口 確か正一位《しょういちい》にまでなっているんですよね。敗軍の将が正一位に上りつめるなんて、普通だったらあり得ない。

加治 幕府軍をうまく武装解除し敗北させたいという論功行賞《ろんこうこうしょう》でしょうね。

出口 鳥羽・伏見の戦いのときには、トップが戦をする前に逃げ出したわけですからね。

加治 将軍が、戦う前に「俺、やめた」だもの。

編集部 軍事的には幕府軍は決して負けるほど弱くはなかったと言われていますね。

加治 数から言ったら、圧倒的に多かった。

出口 だから、その前に何かがあったはずですね。

加治 鳥羽・伏見のとき、薩長軍はたった3000人だった。大げさかもしれないが、幕府側は旗本八万騎とうたわれていたんですよ。それがなぜ数千人しか動かなかったのか?

出口 錦の御旗を揚げられて幕府軍は戦意を失ってしまったと言われています

が、あれはニセモノだったんですよね。本物がなくて、慌ててつくった。

先ほど、禁門の変のときには御所にも銃弾が撃ち込まれて貴族たちはみんな逃げてしまった話をしましたが、そのときに旭形だけは自分の体を盾にして孝明天皇を守ったとされています。

そのことに感謝した孝明天皇は錦の御旗を旭形に渡したんです。僕もとても信じられない話だと思ったのですが、実は宮内省もこのことは認めているのです。

だから鳥羽・伏見のときには本物の錦の御旗がなくて、勝手にニセモノを薩長

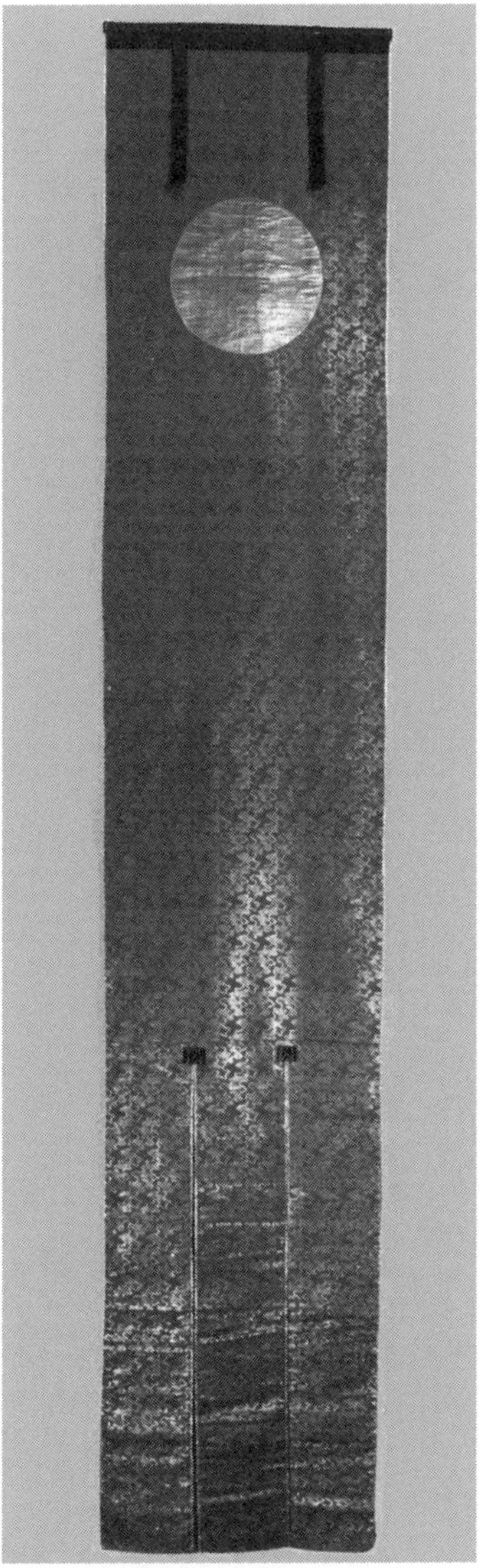
戊辰戦争で使われたニセモノの（？）錦の御旗（靖国神社遊就館所蔵）

右／孝明天皇が旭形亀太郎に渡した錦の御旗。右下／旭形亀太郎が宮内省に錦の御旗を返納したことを証する証明書。下／当時の土方久元宮内大臣より、山田大阪府知事に宛て、旭形亀太郎に金百円を下付せよとの書信があった

記
一 御旗 壹旒
右返納相成正ニ領収候也
明治廿五年八月十七日
旭形亀太郎殿

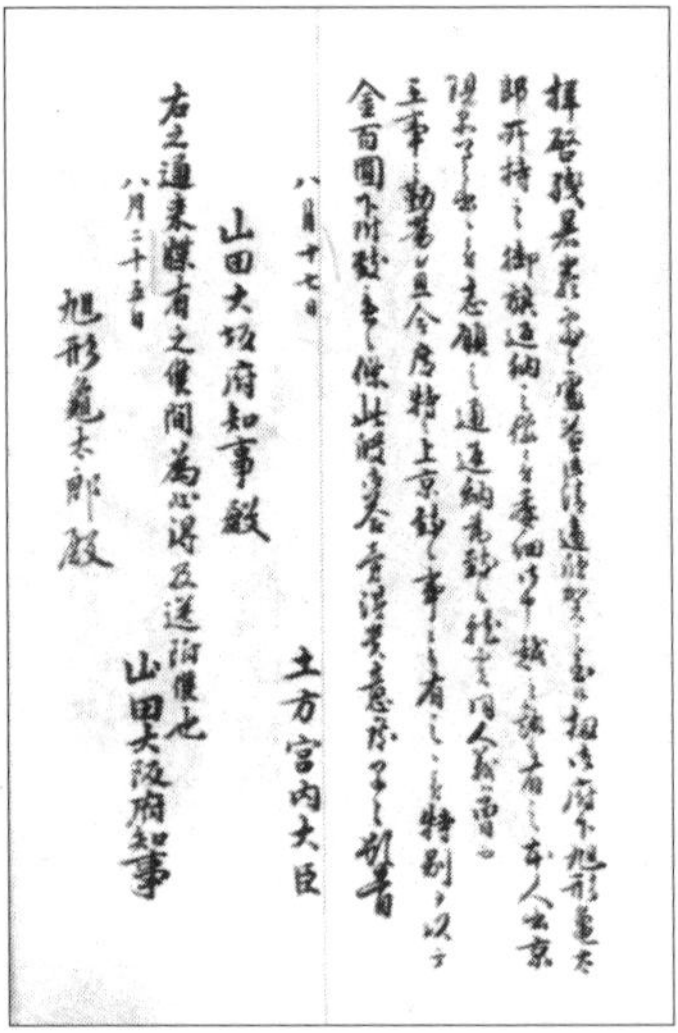
八月十七日
土方宮内大臣
山田大阪府知事殿
右之通来諜有之候間為心得及達候也
八月二十五日
山田大阪府知事
旭形亀太郎殿

がつくって、幕府軍が戦意を失ってしまった。ある意味、幕府はこけおどしに負けてしまったわけです。

加治　薩長の旗じゃ誰もついていきません（笑）。

政府はなぜフルベッキ写真を回収しようとしたのか

編集部　薩長連合の頃に、長州は薩摩に天皇のすり替えのことを伝えていたんでしょうか。

加治　大室寅之祐の存在については、薩摩の大久保利通、西郷隆盛、吉井幸輔あたりは知っていたけれども、それ以外は知らされていなかったと思う。

編集部　加治さんの本には西郷も南朝の菊池家の子孫だと書かれていますね。

加治　菊池家の分家で、まぎれもない事実です。大室寅之祐を天皇に担ぎ上げて政府を転覆するという秘密結社がつくられたけれども、このすり替えはトップシークレットとしてごく一部の人たちしか知らされておりません。例えば、土佐だったら中岡慎太郎レベルでしょう。

坂本龍馬は外されていたと思う。なぜかというと、坂本龍馬の親分は幕臣の勝海舟ですから、それを教えると話が徳川へ漏れる恐れがある。

出口 坂本龍馬と中岡慎太郎の決定的な溝は、その辺から生じていたと思うんです。

加治 フルベッキは、いつの時点で知ったんでしょうか。

どんなバカでも、集合写真の時点では知っているはずです。何せ階級社会ですから傍目《はため》から見たらあんな小僧がど真ん中に座る。「誰だ?」ってことになるわけですから。

編集部 フルベッキ写真を撮影したときが最初の集まりで、そこでみんなで計画を実行しようと誓い合ったという感じなんでしょうかね。

加治 それはわかりませんけれども、大室寅之祐はフルベッキから英語を習っていたのではないかと思うんです。明治天皇になってから、記録に残っているだけで3回もフルベッキと会っていて、1度は天皇自らわざわざ東大まで出向いています。

現人神《あらひとがみ》ですよ。師弟的な関係がないと、そんなことはやりません。それに外国人は穢れていると公言していた孝明天皇の表向きの子どもだったら、そんなこと絶対しないですよ。

出口　僕がフルベッキ写真は血判状のようなものだと思ったのは、本当に真ん中にいる少年が大室寅之祐だとするならば、ここにいる連中はみんなそれを知っているわけですね。ということは、これはその陰謀に加担したという証拠写真にもなりますよね。

この人数だから、かなり大がかりな陰謀がここであったと推測できるんですね。

編集部　だから政府はこの写真を回収したのではないかというのが加治さんの意見ですものね。

加治　その頃には皆さん知っていた。ほぼ全員が紋付の正装ですよ。ふだんは紋付なんて着ていないもの。正式な写真を撮るべくして集まっている。

編集部　極秘行動の証拠が残ってしまいますよね。

加治　そうなんですが、そこまで深く考えずに撮ったような気もします。ひたすら、南朝革命に命をかけるぞ！　ってな具合で。

出口 陰謀が本当にあったとすると、普通は証拠になるから写真は残さないのに、あえて撮った。ということは、やはり血判状で、これでもう逃げられないというか、ここに写っているからおまえらも一味だ、裏切ったらアウトだぞということではないかと推測したんですけどね。

編集部 フルベッキの子どもは、その後、お父さんを手伝ったりしたんでしょうか。

加治 その後、海軍大学の学長にまでなった、堂々たるフリーメイソンです。

編集部 この時点でフリーメイソンも関わっていたんでしょうか。

加治 フルベッキがフリーメイソンだったという証拠はありません。もちろんグラバーも証拠はない。ただ、処分したのか、その当時のフリーメイソンのロッジの名簿自体がないんです。

本来なら名簿は本部であるロンドンのグランドロッジに送られるんですが、それも消滅していると言われています。パークスあたりが消したのでしょうか？証拠は一切失われてしまっているわけです。

大室家の人は明治天皇すり替え説についてどう証言しているか

編集部　大室寅之祐が住んでいた田布施町（山口県）からは首相が2人も出ていますね。

加治　知力では坂本龍馬の土佐に劣り、武力と経済力では薩摩に劣り、技術力では佐賀に劣るのに、なぜ長州閥が幅をきかせたかというと、明治天皇を握っていたからです。田布施も直接行って取材したけれど、大室寅之祐の話はタクシーの運転手さんも知っていて、ポピュラーでした。

出口　2002年、父・和明が他界して五十日祭が過ぎたとき、母は父の遺志に従って、長州を訪ねたそうです。

山口県柳井市で郷土史家の松重楊江《ようこう》氏に会い、萩《はぎ》藩の秘史年表を得て、明治維新の嘘と真実を確かめたそうなんです。

翌朝、明治維新の知られざる原点ともいえる隣村、田布施町の土を踏みたい思いに駆られた母は、なんとか田布施町に住む大室ヒサ子さん宅を訪ね当てます。そこで思いがけず招き入れられ、今となってはこの方しか語れない歴史の体験をまざまざと聞くことができたといいます。

編集部 大室ヒサ子さんの写真、本で拝見したことがあります。

出口 大室ヒサ子さんはそのとき94歳でした。南朝の末裔といわれるだけあって、凜《りん》とした眼差し、はっきりした物言いの持ち主でした。

その大室ヒサ子さんの話によると、1392年（明徳3年・南朝元号元中9年）、南北朝が合一されたとき、吉野にいた南朝の人々は各地に落ち延びた。その1人が、南朝後醍醐天皇の玄孫・光良《みつなが》親王で、応永年間（1394〜1428）に曽我氏に守られ、堺から長州に落ち延びたんだ、と。その後、大内氏、毛利氏の庇護を受け、「大室」を名乗り、南朝の皇統を守ってきたといいます。

大室家のある田布施町の2キロ北の石城山には、第2奇兵隊の屯所が置かれていました。力士隊の隊長の伊藤博文はそこから、毎日のように大室家に来ていたというんですね。

編集部 貴重な証言ですね。

出口　寅之祐も相撲が好きで、伊藤博文や奇兵隊の若い連中と相撲や乗馬に明け暮れ、軍事訓練を受けたといいます。伊藤博文と明治天皇はこの時代からの仲間だったんですね。

ヒサ子さんは、明治天皇は自分の祖父・庄吉の2歳違いの兄・大室寅之祐であると語ったそうです。母が前出の『ムー』に書いた記事を再び引用してみましょう。

寅之祐は16歳のとき、毛利公のところへ饅頭を作りにいくといって出かけたが、そのまま京都に上って即位し、帰らなかった。

寅之祐が行方不明になってから、わずか14歳の庄吉は上の関の宰判（引用者注・萩藩の行政区分）に呼びだされ、痛めつけられ、兄の寅之祐の行方を聞かれたが、「俺が他出している間に兄やんはいなくなった」といいつづけた。

「帰ってよい」といわれた後、庄吉は代官が仲間の手下と「知っていたら殺してしまえといわれたが、知らないから殺せない」と話しているのを耳にした。

しかし庄吉は家に帰ってから、「でも俺はぜんぶ知っている」と語ったという。

その後、明治天皇となった寅之祐は、明治10年頃、軍艦で家の近くの水場にやってきた。ヒサさんの祖父の庄吉が会いにいくと、軍艦の甲板の上に姿を見せ、「ソクサイかあ」と叫んだという。

元首相も学者も明治天皇すり替え説をにおわせる発言をした

出口 慶応3年7月19日『中山忠能《ただやす》日記』※では、明治天皇を「寄（奇）兵隊ノ天皇」と記しています。睦仁親王の祖父・忠能がそう書いているんです。

※『中山忠能日記』
中山忠能の日記。忠能は幕末・維新の公卿で、権大納言忠頼の長男。明治天皇の外祖父で、岩倉具視らと倒幕派公卿の中心として王政復古を指導した。神祇伯、宣教長官等を歴任。

郷土史家の松重楊江氏によると、慶応2年（1866）11月、薩摩の軍船2隻が田布施の米出浜《こめだし》に着岸し、兵800を率いた島津久光は大室家の近くの薩摩屋敷に入ったといいます。

慶応3年（1867）の王政復古の大号令が最初に発せられたのは、大室家の近くの高松八幡宮でした。そのとき、三条実美も同席していました。

また七卿落ちのとき、京都を追放された一行は来島又兵衛らに連れられてひとまず田布施の大室家へ落ち着いたらしい。そこで12歳の寅之祐を見て一同喜び、かわいがって9月いっぱい滞在したといいます。

編集部　そこには八木清之助もいたんでしょうか。

出口　もちろん17歳だった清之助もいたでしょうね。

その間、長州藩の桂小五郎や三条ら公卿たちの世話をしながら、利発な清之助は何を見たのか。寅之祐を「玉《ぎょく》」として育て、南朝革命を成し遂げる謀略の密談などに気づかないわけがありません。

翌年、桂小五郎を逃がす手助けをしながら、清之助の心は揺れていたのではないでしょうか。彼らの非情さ、長州の殺し屋軍団の恐ろしさも垣間見ていたのではないか。

孝明天皇の崩御は公式には「疱瘡《ほうそう》」による病死とされています。しかし、そのあまりのタイミングのよさに、当時から暗殺説が囁かれていたことも事実です。

編集部 当時から公式発表は疑われていたんですね。

出口 平凡社の百科事典には「病状が回復しつつあったときの急死のため毒殺の可能性が高い」と記されています。しかし、本当は刺殺ではなかったでしょうか。

閑院宮家の侍医《じい》に、菅修次郎という中国人の医者（本名・菅之修）がいました。法制史学の大家・瀧川政次郎によれば、この菅が、何者かに急に呼び出され、御所とおぼしき場所で瀕死の男を診察したというんですね。

瀕死の男が何者かは一切告げられなかったんですが、菅が診た時点で、男は**「脇腹を鋭い刃物で深く刺され、最早絶望状態」**だったと日記に書いているといいます。

作曲家の宮崎鉄雄氏の証言もあります。宮崎氏の父は渡辺平左衛門章綱といって幕末に大坂城定番を務めていましたが、維新後、**徳川慶喜の依頼で孝明天皇暗殺事件を調査し、犯人が岩倉具視と伊藤博文であることを突き止めたといいます。**

しかし、そのため伊藤博文に命を狙われ、長州の刺客に稲佐橋の付近で襲われ重傷を負いました。その平左衛門の遺言によれば、1866年12月25日、孝明天皇は疱瘡も快癒し、愛人の堀河紀子《もとこ》の邸を訪ねましたが、伊藤博文が中2階の厠に忍びこみ、手洗いに立った孝明天皇を床下から刀で刺し、邸前の小川の水で刀と血みどろの腕をていねいに洗い去っていったというのです。

安重根は伊藤博文が孝明天皇を暗殺したと知っていたのだろうか？

編集部　衝撃的な証言ですね。

出口　また明治42年、伊藤博文をハルビン駅頭で射殺した韓国の壮士・安重根※は、その斬奸状《ざんかんじょう》の中で、伊藤の罪状15カ条を挙げています。

加治　はい、柄本明のそっくりさん（笑）。

出口　そこで、

「今ヲ去ル四十二年前、現日本皇帝ノ御父君ニ当ラセラル御方ヲ伊藤サンガ失イマシタ。ソノ事ハミナ韓国民ガ知ッテオリマス」（今を去る42年前、現日本皇帝の父君に当たらせられるお方を伊藤さんが殺した。そのことは韓国民はみな知っている）

と書いているんですね。

※安重根
朝鮮の独立運動家。日本の朝鮮侵略の動きに対し、1907年頃から義兵運動を展開。1909年、ハルビン駅頭で初代韓国統監だった伊藤博文を暗殺し、翌年処刑された。アン・ジュングン。

編集部 「韓国民はみんな知っている」とはすごい主張ですね。

出口 しかし、孝明天皇が本当に暗殺されたとすると、問題はその先です。睦仁親王がこの父親殺しの陰謀を知ったとき、どういう態度に出るかですよね。

そこで倒幕派は、毒を食らわば皿までということで、睦仁親王をも密殺し、かねてから替え玉として用意しておいた大室寅之祐にすり替えたのではないか。少なくとも私の父はそう信じて調査していたんです。

特に大きな実績のなかった伊藤博文が、なぜ維新後、急に出世したのか。それは孝明暗殺の隠れた手柄と、明治天皇こと大室寅之祐と力士隊の仲間であったことによるものかもしれません。

大室寅之祐は、突然行方不明になったんですね。16歳のときに長州藩士に呼び出されて、そのまま帰らなかったというんですね。

加治　七卿落ちのときに三条実美らがわざわざ田布施に泊まっているので、そのときに大室寅之祐に初めて会ったのは自然です。

写真を見てもわかる通り、大室寅之祐は睦仁親王とは違ってがっちりした体型だから、三条は「気に入った」と言ったと、地元では言い伝えられています。

僕が取材したときは、大室家にアプローチしたけれども断られましたね。直系の長男は役所に勤めていて、そっとしておいてくださいということでダメでした。

田布施町郷土館があって、そこの館長もその話は知っていましたが、「どうなんですかね」みたいな感じで。で、この辺の人々は全員知っているのかと聞いたら、もちろん町民はみんな知っていると。

出口　『裏切られた三人の天皇――明治維新の謎』（鹿島曻著、新国民社）によると、岸信介《のぶすけ》元総理も、**「今の天皇家は明治天皇のときに新しくなったのだ。実はそれまでの天皇家とは断絶している」**と発言したとされています。

大宅壮一（右）は明治天皇すり替えの真相を知っていたのだろうか？　左／征韓論が受け入れられず、下野して佐賀で反乱を起こし、逮捕・処刑された江藤新平

加治　今の政治家の多くは僕の本を読んで知っているし、本は安倍首相にも渡っています。とある代議士が安倍さんに、僕の本を読んでどう思ったかと聞いたら、ニヤッと笑って答えなかったそうですが。

出口　ジャーナリストの大宅壮一も『実録・天皇記』という本で、「明治の新政府ができて間もなく、十六歳の少年天皇がわがままをして〝元勲〟の言うことを聞かないと西郷隆盛は、『そんなことではまた昔の身分にかえしますぞ』といって叱りつけた」と書いています。「昔の身分」なんてことを言ったから、西郷はやられたのではないですか。

加治　明治天皇は、西郷隆盛を異常に恐れていたものね。西南戦争のときに、思いつめた西郷は政府に問責しようとしましたが、この問責は「すり替え」の事実をちゃんと公表しろということでしょう。

出口 江藤新平も西郷も、さらし首になっていますね。

加治 天皇が、西郷が自刃したと聞いたら、本当に喜んで、次の手紙を有栖川宮熾仁親王に出しました。

「戦賊巣《せんぞくす》を剿《ほろぼ》し巨魁《きよかい》を斃《たお》し事全く平定に帰すと、朕大《ちんおおい》に懐《こころ》を慰《いや》す」（戦犯の巣を滅ぼし巨悪を倒し平定したこと、私は大いに安心した）。すごい台詞《せりふ》です。

出口 よほど怖かったんですね。

加治 最初に御所で天皇を鍛えたのは西郷ですが、何といいますか、実直な堅物です。だんだん居心地が悪くなって、避けるようになる。

出口 大室寅之祐がもし長州力士隊に入っていたとしたら、その隊長が伊藤博文で、しかも同い年なので、伊藤は昔からの秘密も知っていると思うんです。

加治 伊藤博文は天皇を呼び捨てにしていたとか、叱っていたとかいう話がありますね。

出口 伊藤博文なんかは本当に下級藩士だったのに、天下を取って総理大臣にまでなるというのは、何か裏の事情がないとあり得ない。

長州は信長政権時代にできなかったことを明治維新のときにやったのではないか

編集部 安重根は、伊藤博文を暗殺した動機として、「明治天皇の父親を殺したこと」を挙げていますが、彼はそのことをなぜ知っていたんでしょうか。

加治 孝明天皇暗殺のうわさはすごく広まっていて、アーネスト・サトウの日記にまで書いてあります。

出口 結局、日本人というのは、「玉《ぎょく》を取る」という言葉があるように、必ず天皇を奉じようとしてきたわけです。

戊辰戦争のときに北白川宮能久《よしひさ》親王が奥羽越列藩《おううえつれっぱん》同盟に迎えられ、「東武皇帝」に即位されたという説がありますが、これも京都の天皇に対抗するためには自分たちで天皇をつくらないといけないと思った。南北朝時代もそうですね。

右／戊辰戦争のときに奥羽越列藩同盟に迎えられ、「東武皇帝」に即位したとされる北白川宮能久親王。
左／長州藩が信長に対抗するためにかくまっていた足利義昭

編集部 幕末まで、南朝の天皇の子孫を長州藩でずっとかくまってきたわけですね。

加治 後醍醐天皇が失脚したときに、子どもたちを東北や九州に逃がし、ゆかりのある地元勢力にかくまわせた。そういう形で血筋を残しておいて、いざ事あらば「玉」を立てて兵を挙げられるようにしていたんです。

出口 僕は、毛利というか、長州が一番暗躍したのではないかと思っています。関ヶ原の合戦のときに毛利は西軍の大将だったけれども、最後は迷って動かなかった。結局、負けて、徳川幕府に領地を減らされたという恨みをずっと持ち続けたわけですね。

実は、関ヶ原の合戦の前にも、※毛利は将軍を玉に取って信長に対抗している。毛利は、そういうやり方をずっとやっているんです。

※毛利は将軍を玉に取って信長に対抗している
　織田信長は1573年に将軍・足利義昭の京都追放を実行し、足利将軍家の山城および丹波・近江・若狭ほかの御料所《ごりょうしょ》を自領とした。しかし京都から追放された後も義昭は征夷大将軍であり続けたと公式記録である『公卿補任』には記されている。また義昭も将軍職としての政務は続け、伊勢氏・高氏・一色氏・上野氏・細川氏・大館氏・飯尾氏・松田氏・大草氏などの幕府の中枢を構成した奉公衆や奉行衆をともない、近臣や大名を室町幕府の役職に任命するなどの活動を行っていた。
　1576年（天正4）、義昭は毛利輝元の勢力下であった備後国の鞆《とも》に移った。鞆はかつて足利尊氏が光厳天皇より新田義貞追討の院宣を受けたという、足利家にとっての由緒がある場所であった。義昭はこの地から、全国の大名に信長追討の御内書を送った。

　長州藩は信長に追放された足利義昭《よしあき》をずっとかくまっているんです。当時は天皇なんかどうでもよくて、将軍が玉だった。
　そして信長は倒される。毛利にはそういう伝統があって、そのやり方は代々受け継がれてきたんでしょうね。

加治　そうです。

出口　その当時は天皇は落ちぶれて玉にならなかったから、**将軍を長州にかくまって、将軍の名前で檄を飛ばして、信長と対抗していたわけです。その伝統をそのままやった気がするんです。**まさに同じシナリオを書いたのではないか。

将軍が力がなくなったから、今度は天皇の末裔を囲って、いつか倒幕のときに玉として使ってやろうと、藩主以下、代々ずっと思ってきた。その伝統の中に吉田松陰もいたのではないかという気がするんです。

いつか幕府を倒すという思いは吉田松陰までつながっていた。そのときのための玉として、大室寅之祐をずっと大事に守ってきたのではないかという気がします。

編集部 加治さんがおっしゃったように、その絵図を描いたのはきっと吉田松陰でしょうね。そうじゃないと、吉田松陰自身の表立った功績なんて何もないんですからね。彼の弟子はその後、出世しましたけれど。

加治 密航を企てたぐらいですね。

彼は何にもしていないですよ。どこかに亡命しようとして捕まったり、自分の藩の家老を殺そうとして生徒にあきれられたり、そんなことばっかりやっていた。

でも、山口県に行くと、吉田松陰は「松陰先生」という扱いで、高杉晋作は「晋作君」だ（笑）。山口で先生と呼ばれるのは吉田松陰ぐらいしかいません。

すり替えの絵図を描いていたということになれば、南朝明治革命のシナリオライターですから、それは大したものだとなるけれども、その件は公にできないものだから、「吉田松陰って不思議だよね。なぜあんなに有名で偉いの？」という話になる。

つまり、彼のやったことは世に出せない。隠ぺいしたまま、功績をたたえなきゃならんのだから、つらいんですよ。すり替え作戦の考案者だから敬《うやま》わないといけない。そこで一見、何だかわからないが、ただただ松陰先生をあがめているという変てこなことになっている。

編集部 信長の頃から、天皇を使って……というアイデアは脈々と続いていたわけですね。

出口 そのアイデアを長州はずっと代々練っていたのではないか。

編集部 その頃から南朝天皇に注目していたのかもしれないですね。

出口 将軍の次は天皇ですよね。僕は有栖川宮熾仁親王も歴史をひもとく鍵になるのではないかと思っているんです。

有栖川宮は大叔母の幸子《さちこ》女王（織仁親王第2王女）が長州藩の第9代藩主・毛

利斉房《なりふさ》の正室になっていますから、長州に近い立場でやってきて、孝明天皇とぶつかり、禁門の変の後は蟄居を命じられます。孝明天皇が亡くなった後、慶応3年に蟄居を解かれて、東征大総督となり戊辰の戦いに行くわけですね。同じ北朝だけれども、孝明天皇と有栖川宮の間には完全に溝があった。

幕末を理解しようと思ったら、尊皇攘夷が本当に盛んであって、攘夷ということで次から次へ暗殺を繰り返してきたということと、公武合体と開国派、この大きな流れの中で考えていかないと、目まぐるしく変わっていくので混乱してしまうと思うんです。

加治　尊皇攘夷がいつの間にか消えてしまって、途中から尊皇親英になる。

出口　攘夷から倒幕開国になる。たぶん攘夷を唱えた人たちは、よくわかっていなかったような感じで、わからずに、ただ攘夷、攘夷と言っていた。

加治　全然わかっていないよ。流行語です。

僕の小さいときの「アンポ（安保）反対！」みたいな。これは「日米安保保障条約反対」という意見ですが、小学生の僕らは、ただスクラムを組んでアンポハンターイって遊んでました。「ジョーイ」ごっこです。

出口 だから、実際にわかってくると、逆に開国になっていきますよね。でも、あのときに開国と言ったら命を狙われてしまうので、言うに言えなかった。

加治 今で言うとノンセクトラジカル[※]、反抗的不良など、いろいろな不満分子が、ひどい暮らしの現状打破の反幕府だったらなんでもいい、というので結集しやすいスローガンが「攘夷」だった。そのエネルギーをつかんだ者が勝ち、みたいなね。

幕府もそれに気がついて、いやいや、自分も尊皇であると言って、公武合体でエネルギーを横取りしようとした。

※ノンセクトラジカル
既成の党派や集団に属さずに行動する過激な政治活動家やグループ。

出口 公武合体によって、孝明天皇が和宮を徳川家茂に嫁がせたわけですね。だから、孝明天皇も、攘夷と言っておきながら、幕府と手を取り合ってやろうと思っていた。

その2人が、半年の期間を置いて次々に突然死んでしまう。そのあたりから流れがガラッと変わって、暗躍している人たちが出てきたということですね。

加治　いよいよ本性を現してくる（笑）。

出口　有栖川宮熾仁親王が攘夷の建白書を出して孝明天皇が激怒したことがあって、そこから孝明天皇と有栖川宮はものすごく仲が悪くなってしまった。それも、有栖川宮の大叔母が長州藩主の正室なので、バックには長州がいたと思うんです。

すごく深い関係にあるというか、それで突き動かして、有栖川宮を立てて、攘夷、攘夷とやったのではないかと思うんです。

編集部　横井小楠についてはどうですか。横井小楠から吉田松陰という系譜みたいなものがありますね。

加治　横井小楠もまったく同じです。孟子の「湯武放伐」、つまり、無能な皇帝は殺して取り替えてしまえという思想で、勝海舟も龍馬も小楠を師と仰いでいます。

では替えたあと誰を持ってくるのか。反幕勢力を束ねるシンボルが必要ですから、そこで大室寅之祐だと、そこまで一歩進めたのが吉田松陰です。

明治天皇自身もすり替えを公表しようとしたのでは

編集部 いまだに山口県から総理大臣がいっぱい出ているというのは、今でも影響があるんでしょうか。

加治 あんな田舎で、人口だって全然少ないし、大きな産業だって見当たらないところなのに、不思議なことですが、伊藤博文が寅之祐の担当だったからだと考えたら、不思議でもなんでもありません。

編集部 後醍醐天皇の後、北朝に取られた三種の神器はどうなったんでしょうか。

加治 見事に紛失して、今あるのは全部ニセモノだと言われています。

編集部 刀は海に沈んでしまって、それ以外は北朝の手に渡ったが、それは全部ニセモノだったとか、いろいろな説がありますよね。

出口 どこかですり替えられているかもしれないし、どれが本物かなんて、もうわからない。

加治 レプリカをつくったという説は有力です。

出口 本当に権謀術数《けんぼうじゅっすう》の世界ですからね。錦の御旗だって平気でニセモノをつくっているし、孝明天皇のときも偽勅で勝手に天皇の命令を出している。

加治 そうしたニセモノを、すべて本物だと言い張っている宮内庁ってのは怖い存在ですが、それを漫然と受け入れている国民も怖い（笑）。

出口 錦の御旗なんて一般の人は見たことがないから、そう言われたらハハーッとなってしまう。だから、やった者勝ちですよ。

加治さんがおっしゃるように、僕もイデオロギーとかはまったく関係なく、本当のことを知りたいという気がするんです。僕たちの言っていることが本当かどうかはわからないけれど、少なくとも今は思考停止状態になっているので、きちんとみんなで考えて真実を明らかにしていきたいと思いますね。

編集部 熊沢天皇※とか三浦天皇※とか、自称天皇がいっぱいいますが、本物だった可能性はあるんでしょうか。

※熊沢天皇
昭和20年代に、南朝系の皇統を継ぐと自称した熊沢寛道《ひろみち》のこと。大正時代から、洋品雑貨商を営みながら、自らを後亀山天皇の末裔と称していた。第2次大戦後、ＧＨＱに自分こそは南朝正統の皇孫であると名乗り出て一

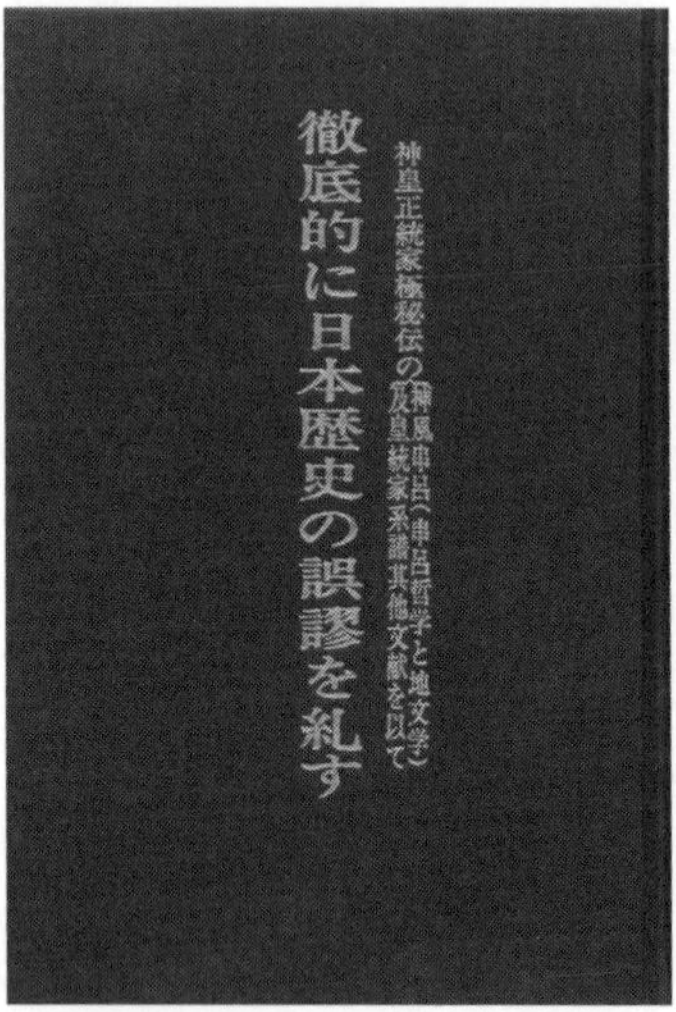

右／熊沢寛道は1951年（昭和26）、東京地方裁判所に「天皇裕仁（昭和天皇）は正統な南朝天皇から不法に帝位を奪い国民を欺いている」と訴えたが、「天皇は裁判権に服さない」という理由で棄却された（「皇位不適格訴訟」と呼ばれる）。左／三浦天皇こと三浦芳聖の主著、『徹底的に日本歴史の誤謬を糺す』（神風串呂講究所、1970年）の表紙

躍脚光を浴び、「熊沢天皇」と呼ばれた。1951年（昭和26）、「現天皇不適格確認」を提訴したが、却下された。

※三浦天皇
第2次世界大戦で日本が降伏した後に、南朝正統の皇胤であることを主張した三浦芳聖《よしまさ》のこと。物事を解明する方法を神風串呂《しんぷうかんろ》と称した。

加治　いろいろなところにご落胤がいたんだから、根拠のないことではありません。たぶんああいう人はほかにもいっぱいいると思うんです。戦後すぐマッカーサーも調べましたが、いても全然不思議ではない。

出口　明治天皇は皇居の中で自由がないというか、周りを全部固められていますが、南朝系は在野なので自由ですから、あちこちで子どもをつくっていると考えた方が自然ですよね。

編集部　幕末のときに南朝天皇にすり替えたというのは、外国の脅威に対抗するためもあったのでしょうか。

加治　「ため」ではなく、それを利用した、それに乗じた、ということでしょうね。日本って、外圧に乗じて騒ぐんですよ。今、TPPに賛成する勢力と反対する連中がいて、わーわー国中が揺れるのと一緒で、ささいなことで国家存亡をアオり、それを利用して政府転覆を図る勢力が騒ぎ出します。

出口　天皇は南朝が正統だとずっと思っているわけですから、後ろめたいところはなかったのかもしれません。ただ、仮に南朝が正統だとしたら、北朝天皇はどうなったのか、誰が殺したのかということになってくると、その周りにいる権力のある人たちがかなりヤバイことになってしまう。

だから、それを押さえ込んで、まだ言わないでくれということだったのかなという気がします。

十津川郷士と八瀬童子が果たした役割

加治 田布施は、不思議なところですよ。空気が何か妙です。訪れた人はみんなその思いに駆られます。タクシーの運転手と話したり、郷土館で話したりすると、「それは知っていますよ」などと言うけれども、何か含みがあるというか、言いたくても言えないことを知っているといった雰囲気のスポットですね。

編集部 タクシーの運転手が、知っているんだけど、不気味な笑いを浮かべて、何とも言えない感じがしたというようなことを小説に書かれていましたね。十津川郷士についてはいかがですか。

加治 十津川郷士は奈良県の十津川郷に住んでいた集団で、古くから南朝を守護していました。坂本龍馬暗殺団は十津川郷士を名乗って龍馬のいた近江屋に入り込んだという話が出ていますが、中岡慎太郎の陸援隊の多くが十津川郷士だっ

「大正天皇崩御」の報に接し、ただちに輿《こし》を担ぐ練習を始めた八瀬童子

たわけで、あながち、でっち上げとも言えず。誰か知る者が暗にチクったのかもしれません。

一方、横井小楠を暗殺したのも十津川郷士と言われています。

編集部 ※八瀬童子《やせどうじ》も南朝側と関わっているんでしょうか。

加治 八瀬童子は後醍醐天皇が比叡山に逃げたときに手助けして、それ以後、南朝側にかわいがられるんです。後醍醐天皇の護衛に当たった功績が認められたのでしょうねえ。天皇の風呂のお湯を運ぶために奥に入ることを許されている。

そもそも八瀬童子は謎が多く、起源はわからないけれども、今でもいます。

※八瀬童子
朝廷の儀式などのとき、駕輿丁《かよちょう》として出仕した京都八瀬の村人。

編集部 一般には天皇が亡くなられたときに棺を担ぐ役だとされていますね。

加治 棺を担いだり、祭りのときに御輿を担いだりして、皇居にまで唯一入れた。十津川郷士は今でも税金を払っていないと聞いています。

編集部 1年に1回、たぶん2月頃に、吉野で南朝天皇を顕彰するお祭りをやっているんです。かつての家臣だった人たちが20人ぐらい集まって、ひっそりとお祭りをしています。

加治 十津川も妙なところなんだ。免税だというのは不思議ですよね。本当なのかと聞いたら、一部の人は本当ですと。なら僕もなりたい（笑）。

編集部 吉野とか熊野は今でも秘境ですし、秘密が脈々と伝えられているんでしょうかね。

なぜ孝明天皇を祀る神社がなかったのか

編集部　京都にある泉涌寺《せんにゅうじ》は天皇家の菩提寺なのに、今の天皇はお墓参りに行かないという話を聞いたんですが。

加治　泉涌寺は代々の北朝天皇の菩提寺ですから、祀られているのは孝明天皇までで終わり、それ以降は祀られていません。

それよりも、孝明天皇がご祭神の神社がなかったんですよ。神道のトップ、天皇なのにこれはあり得ないことです。

出口　明治天皇の実の父ですから、当然墓参りにも行くだろうし、祭神として祀るはずですが、それがないというのは普通ではない。

加治　玉鉾神社が正式に孝明天皇が祭神として登記が認められたのは、戦後も戦後、１９５４年（昭和29）です。実に死後87年間、許可が下りなかった。

それをつくった旭形の最期は、怪しげな死に方です。

出口　明治天皇は現人神と言われるぐらいの力があったんだから、その実の父はものすごく奉るはずですよね。それが自分にとっても権威になるんですから。

加治　ええ、幕末の最後の天皇です。神社は天皇の専売特許なのに、徹底的にないがしろにされている。それこそ不敬ではないですか。

出口　今、流布されているのは、愚昧で外国人が大嫌いで、時代を見通せなかったという孝明天皇像ですよね。明治天皇を神格化するわりには、そのお父さんのことはボロクソに言っている。

学者はもっときちんと調べるべきですよね。

加治　この醒《さ》め方は極端ですよ。今回、宮内庁主導で『昭和天皇実録』が完成しました。何を書いているのかわからないけれども、記録の切り貼りコピペでしょうな。

第2章のポイント

・フルベッキ「24人撮り」写真に誰が写っているかは3名を除き、全員わかっている。「46人撮り」については3分の1しかわからない
・天皇のルーツは外から来てヤマトを奪った渡来民ではないか
・孝明天皇と徳川家茂は暗殺されたのではないか
・孝明天皇は切紙神示で日米開戦、日本の敗戦を予言した
・八木清之助は和宮暗殺の現場に立ち会い、和宮の左腕を持って帰って葬った？
・明治天皇すり替えに関しては、証拠がたくさんある
・明治天皇自身もすり替えを公表しようとしたふしがある

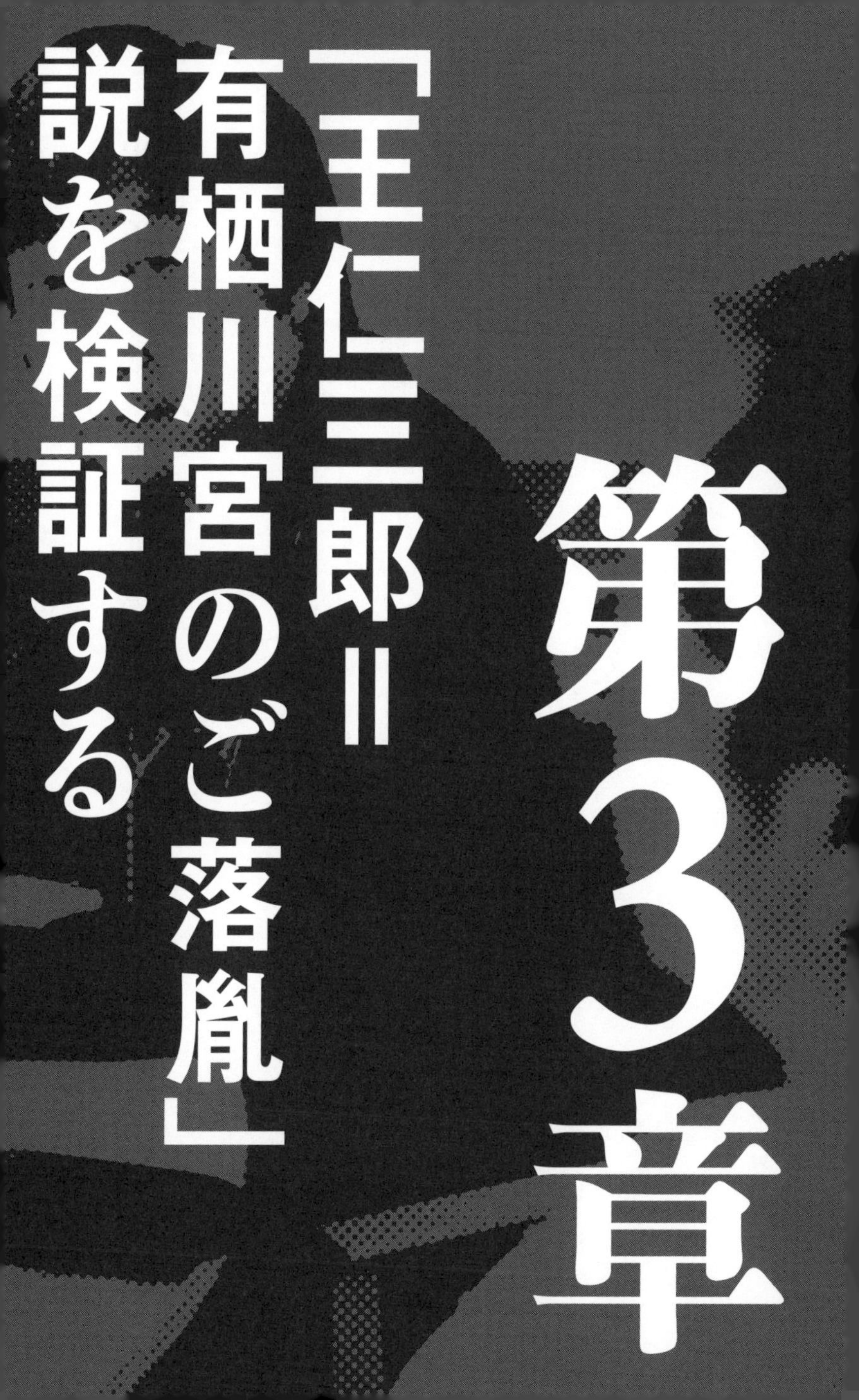

第3章

「王仁三郎＝有栖川宮のご落胤」説を検証する

出口王仁三郎は何を目指したか

編集部 まず、改めて出口王仁三郎の功績について、ひ孫である出口汪さんからお話しいただけますか。

出口 出口王仁三郎（1871〜1948）は、世界中が戦争をしているときに、「万教同根」、宇宙をつくった神は1人なのだから、すべての教えの根っこは1つだと言いました。ただ、その表現方法が宗教によって違っているだけだと述べた。

それなのに、キリスト教とかイスラム教とかがずっと殺し合っているという歴史がある。これは現在でも続いていますね。

王仁三郎は「世界連邦」の立ち上げを提唱し、実際に推進しています。1948年1月19日に昇天するのですが、生前その構想を出口宇知麿《うちまろ》（王仁三郎の3女の夫）に語り、その後の活動を指示していたのです。つまり、日本が世界中と戦っているときから、1つの政府をつくろうとしていたわけです。

さらに、国際共通言語であるエスペラント語を普及させようとしました。

エスペラント語の普及を唱えたのは、それぞれの国が持っている言語や歴史・文化を大切にした上で、誰もがコミュニケーションできるように共通の1つの言語を持ちましょう、ということなんです。

加治 現在、英語が世界共通語に近い位置にありますね。

出口 歴史的に見ると、欧米の植民地化政策の結果として英語が強制的に普及していったという面がある。また英語圏の人々は英語を勉強しなくていいから、最初から有利ということにもなる。

つまり、英語を世界共通語とすると、有利なところと不利なところが出て、非常に不公平なわけです。例えば日本人がアメリカ人と同じだけ英語を学ぼうと思ったら、どれだけの時間を費やす必要があるか。だったら公平にするために、機能的な1つの言語を設定して、それを学ぶ。同時に自国の言葉も大事にする。

宗教でいえば、キリスト教でも仏教でも、自分が信じる宗教を一生懸命やりなさい。でも、根っこは1個だから、仲よくしなさい、ということを王仁三郎は言ったんです。

つまり、出口王仁三郎という人物は、本気で世界を1つの宗教、1つの言語、1つの政府でまとめようとしたんですね。それだけの壮大な思想を持った人はそうそういないと思います。

加治　飛び抜けて純真だったし、スケールも大きい。大阪の大正日日新聞、金沢の北國夕刊新聞、東京の東京毎夕新聞と数々の新聞社を買収し、言論活動を通して派手な布教活動をしていますが、あの時代にあってこの戦略的着眼点がすごい。

国家中枢への影響力も大変なもので、海軍の主力艦「香取」内で公然と布教が行われたり、連合艦隊の旗艦に寄付をしたりした。『坂の上の雲』で有名な秋山真之《さねゆき》のほか、石原莞爾《かんじ》や板垣征四郎も王仁三郎の信奉者になっています。

皇室方面では昭憲皇太后（明治天皇の妻）の姪が大本の宣教師となりますね。彼女は香淳皇后（昭和天皇の妻）の養育係ですが、貴族院議員の山田春三《しゅんぞう》も入信している。

出口　しかしその結果として、王仁三郎は国家によっていろいろな弾圧を受け

秋山真之（右上）は1916年（大正５）に出口王仁三郎の招きで大本教主顧問となったが、翌年５月に喧嘩別れしたという。石原莞爾（左上）や板垣征四郎（右）などの急進派の陸軍将校も王仁三郎の信奉者であった

ることになります。最後は戦争中に6年8カ月間も投獄され、拷問を受け続けて、無罪にはなりますが、その2年後に亡くなっています。

自分の家族や信者も自殺したり殺されたり、あるいは出口なおの墓までダイナマイトで全部破壊されています。それなのに、王仁三郎は自然や人類をずっと愛し続け、恨みというのはまったく持たなかった。

彼は無罪になって牢屋を出てから「耀盌《ようわん》」というお茶碗を大量につくるんですが、それを見れば、本当に明るくて、まさに天国を表したようなお茶碗です。

その耀盌を見ると、王仁三郎は嘘はついていないと思うんです。王仁三郎はあれほどひどい目に遭いながら、日本あるいは地球、あるいは人間・人類を愛し続けた。

それだけのスケールの大きな人物なのに、現在、王仁三郎を知る人は少ない。今述べたように彼のやったことを取り上げると、1人の人間がやったとは信じられないぐらい、壮大な理想を描いていたし、それを実行した。また、政府や軍や市民に対する影響力も大きかった。

加治　王仁三郎は歴史から抹殺されてますね。

出口 そうなんです。そこで私は王仁三郎について1人でも多くの人に知ってほしいと思い、「王仁三郎フォーラム」というグループを立ち上げました。このフォーラムは宗教も政治も一切関係ないです。

僕は宗教家になる気はまったくありません。ただ、王仁三郎を知ってほしい、そのための運動をやっているんです。

加治 昨年（2014年）9月、今年の2月と2度東京のフォーラムで、僕も講演させていただきました。

出口 王仁三郎を研究している学者はたくさんいますが、王仁三郎を専門にやっている人は、僕の知る限りではいない。たいていは民俗宗教とかの研究者が王仁三郎もちょこっとかじっていた程度です。

だから、王仁三郎をきちんと語れる人は、日本にはあまりいません。世界にもあまりいないと思います。そこで、王仁三郎のひ孫である自分が、僕なりに考えたこと、調べたことを語っていいのではないかと思って、前著『王仁三郎の言霊論理力』（ヒカルランド）を書きました。

有栖川宮は明治天皇すり替えの事実を知って絶望して自殺した？

出口　和宮がもし殺されたとすると、自分は薩長側にくみしていて、結果、元恋人を死に至らしめた、でも、本当のことは言えないということで、有栖川宮の気持ちは複雑だったでしょうね。

私の父は、有栖川宮熾仁親王の死について、ある情報を得ていたんです。

「熾仁親王は実は品川御殿で割腹自殺された。血の飛び散った屏風《びょうぶ》が残されているはずです。その御殿は解体されて山城八幡の円福寺に移された。一院は大徳寺の竜光院にある。当時の住職上月鉄舟がすべてを知っています」

これは1969年9月に突然訪れてきた京都の小原某氏から父が聞いた話です。ごく親しい阿刀弘文氏から聞いて『大地の母』執筆中の父に知らせてくれたんですね。

阿刀家は、大嘗祭の執綱《しっこう》（差しかけた蓋《きぬがさ》が傾かないよう、蓋の両側にいて左右の綱をとる役）を務める家柄で、弘法大師の伯父である阿刀大足《おおたり》の直系で有栖川宮家とも縁続きであり、皇室関係の文書も担当しているといいます。
それでも当時は父の知識が足りなくて、その話を消化するだけの時間もなかった。締め切りが迫っていたからです。
手がかりを求めて『熾仁親王行実《ぎょうじつ》』や『熾仁親王日記』を探っても、自殺については何も書かれていません。

編集部 公式には、熾仁親王は日清戦争の勝利を目前とした広島大本営にいて、参謀総長の激務の中で病気になり、舞子別邸（神戸市）に退き、療養していました。それがマラリアチフスと判明、明治28年（１８９５）１月15日に61歳で崩御したことになっていますね。

出口 そうです。その後、１９７３年１月11日、熾仁親王落胤の証を求めて、父は元有栖川宮旧臣報恩会の会長であった瀬尾謙一氏を訪ねたといいます。京都修学院（京都市左京区）に住んでいた瀬尾氏は、
「私の家は代々有栖川宮家にお仕えしています。現代のように履歴書一枚で雇用関係が成り立つのではなく、世襲制でした。いざというときは切腹を仰せつかる

こともある。お手打ちだってあり得る。命をかけた仕事として主従は不思議な因縁で結ばれているのです。

……そういう話（王仁三郎落胤説）があったことは知っていましたが、誰も口に出した者はいない。代々仕えてきた者たちに迷惑がかかるという、狭くて頑固な考え方があることをわかってほしいと思います……」

と語ったそうです。ところが2時間ほど打ち解けた話が続いた後、「和宮の左手首」という言葉を発したとたん、それをさえぎるように、瀬尾氏はこう語ったそうなんです。

「しかし、父は子のために隠し、子は父のために隠す、これわが家の勅《ちょく》なり、という言葉があります。私はなんでもかんでも実際はどうだったんだと調べることが果たしてよいことなのか、考えてみなければいけないと思います……」

毅然としてそう語る瀬尾氏の言葉に触れ、父は現代にあっても、今なお越えてはならないある一線が厳として存在することを思い知らされるとともに、ますます不可解な思いにとらわれたそうです。

加治　有栖川宮は本当にかわいそうで、三条、岩倉に相当そそのかされている。

皇位継承権第1位[※]だったわけですから、孝明天皇の次だ、明治天皇の次だと連中に乗せられ、おだてられ、利用され続けます。

※皇位継承権第1位だったわけですから
1889年（明治22）2月に皇室典範が制定され、皇位継承の順序も定められたが、その結果、明治天皇および嘉仁親王（のちの大正天皇）が死亡すれば、有栖川宮熾仁親王が皇位を継ぐことになったことを指す。

ところが、幕末のどさくさで隠れていたニューフェイスが横滑りに天皇になった。僕は、ぎりぎりまで有栖川宮にだけは、南朝だ、北朝だということは伏せられていたと思います。だってそうでしょう？　熾仁の元をただせば北朝ですから。途中で有栖川宮が気がつく。深いところでざわめき動き始め、やがて溶岩のごとく激しく外に噴き出しますが、だんだん絶望的になってくる。

文句を言ったとたんに公家のトップが、九州とか広島とか、めまぐるしく飛ばされるんです。明治維新のときは新政府の総裁でトップなのに、どんどん格下げになり、最後には戦《いくさ》の前線の責任者ということで行かされて、翻弄《ほんろう》されます。

1年に2回ぐらいの移動、解任ですね。左遷、左遷の連続で、普通の人間だったらノイローゼになります。

出口　有栖川宮は安政5年（1858）に幕府の対外条約勅許に反対して、単独で外交拒絶・条約批准不可の建白書を朝廷に提出しているんです。そのとき孝明天皇が激怒して、そこから冷戦状態で、禁門の変の後には蟄居を命じられています。

しかし明治天皇践祚によって謹慎を解かれ、新政府では最高職の総裁になります。

加治　その辺のいきさつは全部『幕末　戦慄の絆』に書きましたが、戊辰戦争では東征大総督となり、駿府で北白川宮能久親王（輪王寺宮）と会見していますね。

出口　では、なぜ有栖川宮は薩長に加担したのか。

加治　特に長州です。

出口　有栖川宮の大叔母さんが毛利藩主の正妻になっているということもあったが、おそらく皇位継承第1位ということで岩倉具視らにそそのかされて、利用されたのではないかと思う。仮に天皇のすり替えがあったならば、当然その秘密も知っているわけだから、それこそ血判状に判を押したみたいなもので、逆らえないというか、言いなりになるしかなかったのではないでしょうか。

でも、その後、たらい回しにされて、ひどい目に遭い、さんざん利用されただけでした。元恋人の和宮がもし殺されたのだとすると、本当に絶望した暗澹《あんたん》たる思いでいたのではないかと思いますね。

病死とされているけど、僕は先ほど述べたように、切腹したと聞いています。

加治 最期の場所は有栖川宮舞子別邸だと言われているんですが、いろいろ調べると、東京の品川近くの御殿山別邸という話も出てくる。英国領事館建築中に高杉晋作と伊藤博文が火をつけて燃やしてしまったところです。

しかし史料が消されてしまって、その場所すらわからない。

領事館が焼かれた後、どんな建物が建っていたのかということを示す正確な図面が全然残っていない。英国領事館がこの辺に建っていたであろうという碑は、今の東京マリオットホテルのそばに建っているが、実にファジーです。

あまりにも不自然で、有栖川宮の別邸があそこにあった可能性は低くありません。そうであるならなぜそれが消されたのか。病死ではなく自殺したからではないか、という憶測も十分にかき立てられますね。

王仁三郎は裁判でも「自分は有栖川宮の落胤」と認めた

出口 先ほど触れた有栖川宮が切腹したときの血染めの屏風ですが、宮内庁がどこかに隠しているという話を聞いたことがありますが、本当かどうかはわかりません。

加治 どこかの寺に隠してあるが、門外不出で見せてくれないし、その寺自体が人を入れないと聞いています。有栖川宮の菩提寺の豊島岡墓地だったかな。有名な寺ですよ。

出口 その辺に絡んだことは、すべて封印されていますよね。

加治 この国の体質ですね。

ローマの5代目王となったプリスコは、「自分は他国からの移住者だが、ローマの王に他国人がなるのは先例がある。妻子ともども全財産を持ってきたことでもわかるように、ローマに骨を埋める気だ。ローマの神を敬い、ローマの掟を守り……」と選挙演説をして王になりましたが、実に透き通っている。紀元前535年の話ですよ。

日本は過去の歴史だけではなく、今でもなにかこう、隠しごとだらけで政治の名に恥じる不透明さです。

話を戻しますと、有栖川宮は公的には子どもがいないですよね。1人できたが、すぐに死んでしまったとか。

出口 それも怪しいですよね。

加治 出口さんに初めて有馬温泉に連れていってもらいましたが、そこにある有馬稲荷神社の宮司が有栖川宮のご落胤だという説があると聞いてびっくりですよ。昔の位の高い人で、子どもがいないというのはたいがい嘘で、ご落胤は珍しくない。でも、言うと殺される。

有栖川宮は日露戦争のときに大本営のトップになって広島に行くんですが、そこに旭形が訪ねていって、その直後に、玉鉾神社を建てるという運びになるんです。僕は玉鉾神社が建てられるよう根回しをしたのは有栖川宮だったのではないかとにらんでいます。

それまでは孝明天皇の神社を建てたいという請願を明治政府に何度も出しても、みんな却下されていましたから、旭形は最後に有栖川宮にすがった。孝明天皇亡き後、有栖川宮が北朝グループのトップにかつぎ上げられそうになっていたと思います。

出口 王仁三郎が有栖川宮のご落胤かどうかという話ですが、僕も事実かどうかはわからないし、王仁三郎自身もご落胤だと直接言っているわけではないんです。

ただ、大本が弾圧を受けたときの裁判で問題になったのが、王仁三郎が書いた「十二段返し」という大本の宣伝歌なんです。

かみのあれにしりうぐうの
たかきやかたをなにそしれ
かみすべたまうのちのよの
あやのにしきをものされて
ひろきてんかにせんでんし

こうてんごじきにつぽんの
もとつしぐみをしらしめつ
よひとをかいしんだい一と
ときつかたりつてるたえの
たまのくもりをのこりなく
とりてせかいにまことなく
ただ一りんのみいづあふがん

これには「いつの日か　いかなる人の解くやら　この天地の大いなる謎」と説明文がついているんですが、上の囲みを右から読み、下の囲みを左から読むと、なんと「綾部《あやべ》に天子を隠せり　今の天子ニセモノなり」（綾部「大本の本部があるところ」に天皇を隠した　今の天皇はニセモノだ）になるんですね。

検察側はこれを不敬罪《ふけいざい》の証拠にしようとしたが、王仁三郎は最後まで知らぬ存ぜぬで通しています。これはどう見たって暗号ですよ。

実際、皇位継承権の第1位は有栖川宮ですから、もし自分が有栖川宮のご落胤と認められたら、王仁三郎が天皇になる可能性が出てくるわけですからね。そうなれば、「綾部に天皇を隠した」という文句も嘘ではなくなる。

　さらに、熾仁の「たるひと」という文字を入れた歌を数百首詠んでいます。たとえば、

天地《あめつち》の神の光と生まれたる　ひとの子証《あ》かす三つの天柱
日の神のほところかりて生まれたる　ひとの子あかす三柱
葦原のしこけき小屋に産声を　あげたる人の子神と倶《とも》なり
川上ゆ流れて来たるひとつ桃　拾いまつりし媼かしこし
草村におちたるひとの子現れて　暗夜を明かす時は近めり
草むらの草の下葉に生まれたる　化者知りたるひとは世になし
賤《しず》の男の家の柱と　生まれたる人の子今は神の道宣す
五十鈴川《いすずがわ》流れに魂あらいたる　ひとの導く麻柱《あなない》の道
久方の天津空よりおりたるひとの　常に立つ神世うるわし
背に腹を替えてこの世に降りたる　人の言の葉仇花ぞなき

神の子を腹に宿して育てたる　ひとりの女世の根なりけり
隔たりし天と地との結びより　生れ出でたる人の子神の子
汚れたるひとの心を清めんと　瑞の御魂は王の井に湧く
軒ゆがみ壁の落ちたる人の家に　産声あげし瑞御霊かも
腹借りて賤ケ伏家に産声を　あげたるひとの神の子珍し

などです。ストレートに「有栖川」や「有栖川熾仁」を詠み込んだ歌もあります。

ありとあらゆるすべての物に　山川もよりて仕ふる御代ぞ恋しき
ありありとすみきる和知の川水は　汚れはてたるひとの世を洗ふ
蟻（あり）の巣も川の堤を破るてふ　宣伝使たる人心してとけ

さらに大胆に「熾仁」の漢字2字を埋め込んだ歌もあります。

熾《さかん》なる仁愛にます神の子は　はや地の上に天降りますらむ
熾なる稜威《みいつ》照らして　仁愛の徳を広むる人の出でませ

加治　人間、妄想だけで、これだけ執着心を燃やせませんよ。

出口　第2次大本事件の裁判のときに裁判長が、「熾仁親王のご落胤だと周りに言っているという話は本当か」と尋ねたら、王仁三郎は認めているんです。ところが認めたとたんに、裁判長は話題を変えてしまう。

不敬罪で裁く一番のチャンスなのに、ヤバイと思って、裁判長は逃げてしまった。これは裁判記録に正式に残っています。具体的なやりとりを紹介しておきましょう。

裁判官「自分は有栖川宮の落胤だというたとのことなるが、それは何時頃からか」

被告人「私はよく知りませんが、私の祖母がよく母に対して勝手なことをするというて始終いじめておりましたが、母が死ぬ一寸前に母が私に話してくれましたが、母の母親の弟にあたる人が伏見で侠客の大将をしておりました が、有栖川宮さまがまだ寺におられた頃そこに出入りをしており、また料理屋をもしていたので、伏見にお成りのさいにはよく寄られたとのことでありましたが、また祖母らの話によりますと、母は若い頃は発展家であり、そのため祖父母が母をその叔父の所へ預けたとのことで、そのさいにはお給仕に出たり何かして、それから私ができたというのが母の話であります。母は私にこんなことはおそれ多いからいうなというて隠しておりましたが、母が死ぬ頃二、三人にしゃべったらしく、それで広まりました」

裁判官「被告人も人に話したのではないか」

被告人「私は話しませんが、心覚えのために歌で一寸出しておきました」

検察も軍隊も「王仁三郎＝有栖川宮のご落胤」説を知っていた

出口　さらに、王仁三郎を調べた特高課長が戦後に書いた文章も残っていて、「こんなことをやったのは血のなせるわざだろう」と書いています。だから、検察は王仁三郎が有栖川宮のご落胤だということは全部知っていますね。証拠も出ています。

実際に王仁三郎の母親のヨネは、菊の紋章が入った守り刀と、小袖《こそで》と、熾仁直筆の短冊をもらっています。

守り刀はなくなったと言われていましたが、後に大本の信者の家から見つかって、これは新聞にも載りました。

自分で持っていると捕まってしまうので、信者に託して隠したのだと思います。小袖は、弾圧のときに焼けてしまったようです。

一信者が菊のご紋がついた守り刀を持っているはずがないので、皇族の誰かにもらったとしか考えられない。しかも女性用の守り刀ですから、「自分は去っていくから、これで身を守れ」という意味合いもあったと思います。

短冊には、「わが恋は　深山の奥の草なれや　茂さまされど　知る人ぞなき」と書かれています。深草《ふかくさ》というのは地名で、「深山の奥の草」と詠み込まれています。そこにはヨネのおじさんが経営している船宿があってヨネが働いており、有栖川宮はそこに通い詰めていたらしいんです。

その頃の有栖川宮の行動を記した正式な記録が『熾仁親王行実《ぎょうじつ》』として残っています。

加治 あの記録は傑作だね。「調馬《ちょうば》之事《のこと》」とか書いてある。

出口 有栖川宮が京都に1年間ほど滞在している間に、記録に「調馬之事」というのが計70回も出てくるんですが、「調馬之事」と書いてある次の日は書いていなくて、連続2日というのは1回もない。

ということは、馬に乗っていって、その船宿に泊まっているのではないか。有栖川宮が京都にいた時期とヨネが船宿で働いていた時期と、ぴったり一致するんです。

その後、有栖川宮は結婚が決まって東京に戻ります。ヨネは妊娠2カ月ぐらいでしたが、まだ妊娠に気づいていなかった。

ヨネも亀岡に帰って結婚して、7カ月の早産で王仁三郎を産んだということにしたんです。いろいろな数字がぴたっと一致するんですよね。

王仁三郎は「天皇家の血を引いている自分が開戦の罪を受けよう」と思ったのではないか

編集部 王仁三郎は、明治天皇のすり替えとか、南朝・北朝に関することはほのめかしてはいないのでしょうか。

出口 『霊界物語』の中にいくつか書いてあります。例えば第67巻では、「アケハルの岩」に生息する「オートラ」という仮名で、明治天皇の明治はアケハルと読めますね。それがオートラですから大室寅之祐をほのめかしていますし、第4巻第42章「無道の極」でも触れられています。

出口王仁三郎（左）と有栖川宮熾仁親王。顔の形や鼻の造作がよく似ている

はっきり書かずに寓話として書いています。だから、王仁三郎は間違いなく知っていますね。

加治　ええ、「十二段返し」に折り込んでいるじゃないですか、「いまのてんしにせものなり」とね。王仁三郎と有栖川宮熾仁は顔が似ています。

出口　明治天皇の皇后の昭憲皇太后の姪《めい》で、有栖川宮から子どものときに書を習ったりして兄弟同然に一緒に暮らしていた鶴殿親子《つるどのちかこ》が、本当に有栖川宮のご落胤かどうか確かめるために王仁三郎を訪ねてくるんです。

いざ会ったら、うり二つだし、間違いない。体の様子も見たようですね。

ヨネとも仲よくなって有栖川宮の思い出話をしたようですが、嘘ならすぐわかってしまうはずです。

だからこそ、皇族の人たちが大本に大勢入信しているわけです。

そういう状況を見ると、王仁三郎が有栖川宮のご落胤というのは可能性としては高いのではないかという気はします。

加治 親子でしょうね。

編集部 それが大本の弾圧にもつながっていくということですね。

出口 国家は不敬罪で攻めようとしたが、王仁三郎が裁判で有栖川宮ご落胤説を認めたら、裁判長は聞かなかったことにして逃げてしまった。王仁三郎は、自分だけではなく家族や信者、すべての人の命を背負って丁々発止のやりとりをしているわけで、その中でズバッと認めるというのはすごいですよね。

でも、王仁三郎はご落胤だということを誇りに思っているわけではなくて、逆なんですね。だから、大本の中でもすごく問題になった。

王仁三郎が天皇家の血筋を引いているならとんでもないことで、妻の澄《すみ》がそれを聞かされてびっくりして、ヨネに確かめに行った。そこで証拠の品を見せられて、澄は絶望して目の前が真っ暗になったと言っています。

加治 王仁三郎は自分をスサノオになぞらえていました。同じ血脈であるにもかかわらず、スサノオは皇室から追い出されておりましてね、まさに自分と重ね合わせている。

出口 同時に、自ら捕まりに行った部分もあって、それは贖罪《しょくざい》意識ではないかと思うんですね。

加治 何の贖罪？

出口 日本は戦争に突入していくわけで、天皇家の血を引いている自分が代わってその罪を受けようということだと思うんです。さらには戦争をした日本という国家自体の罪でもあるので、それも贖《あがな》おうとした。

もちろんそれは僕の推測であって、いろいろな捉え方ができると思う。逆に、王仁三郎というのはそれだけ複雑怪奇な人物だったとは言えます。

王仁三郎はいろいろな面があるから、一面だけ見るとわからないんです。教団内部でも出口なお派との対立があって、何度も暗殺されかかっています。

旭形の弟子の佐藤紋次郎が訪ねてきて、日米が戦争になるときに託せという孝明天皇のひそかな遺志を王仁三郎は受け取っていますしね。日米が戦争になるという孝明天皇の予言は結果的に当たったわけです。

加治 王仁三郎は、切紙神示というのはよくやっていたんですか。

出口 王仁三郎がそれで占ったわけではないと思う。切紙神示というものがあるということは当然知っていたと思いますが、王仁三郎には神が直接降りてくるので。

加治 お筆先は、なおの方ですね。

出口 王仁三郎はお筆先はやりませんからね。

第3章のポイント

・有栖川宮熾仁親王は新政府に使い回しにされ、和宮暗殺を知って絶望して自殺した？

・出口王仁三郎は自分が有栖川宮ご落胤であることを歌に詠み込み、裁判でも認めた

・王仁三郎が有栖川宮ご落胤であったたから、大本は弾圧された？

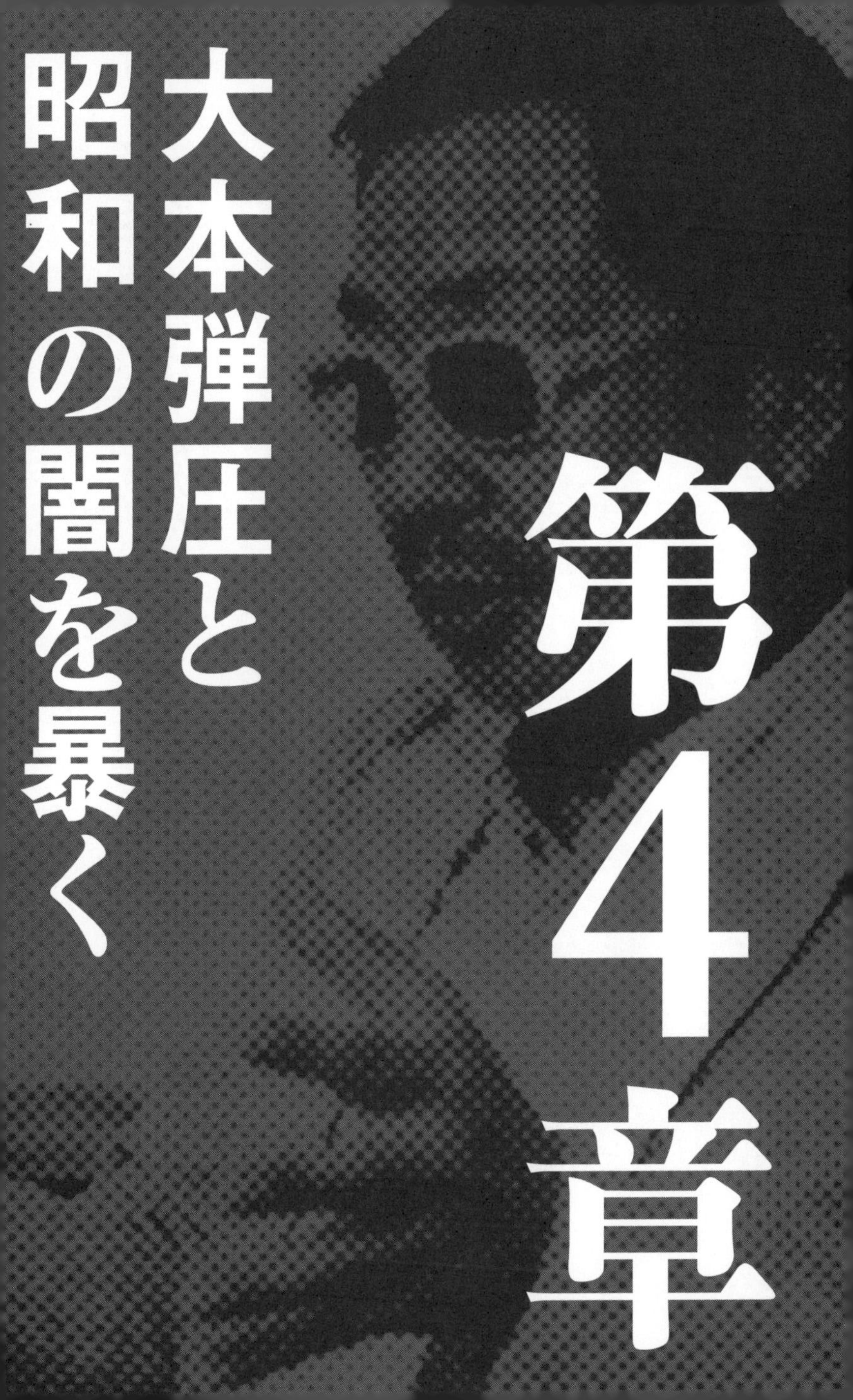

第4章

大本弾圧と昭和の闇を暴く

王仁三郎はなぜモンゴルに行ったのか

編集部 王仁三郎がモンゴルに行ったのは、世界平和のために全宗教をまとめようとしたのでしょうか。究極的には何が目的だったんでしょうか。

出口 それは謎で、いろいろな説があります。

加治 王仁三郎はもちろん宗教家でもあるし、反体制的な男でもあるが、人生をものすごく楽しんでいましたね。映画をつくったり、歌を歌ったり、モンゴルに行ったのもその延長線上にあって、うらやむべきロマンチストです。

出口 ものすごくおおらかですよね。

編集部 いろいろな神様の格好をしていたのは、神様になりきろうとしていたんですか。

出口 1つは遊び心もあると思うし、もう1つは、**彼は型というかパフォーマンスを演じることによって何かを表現していることがすごく多いんですね。**本当のことが言えなかった時代だったので、さまざまな方法で表現している。「十二段返し」にも書いてあったように、のちのいつかの時代に、誰かにこれを解いてほしいということだったのではないか。

加治　王仁三郎というのは希代《きだい》のカリスマ性を兼ね備えている。驚くのは海軍です。どんどん入り込んでいくでしょう。

あの当時は陸軍より海軍、海軍の天下です。その海軍に乗り込んでいって艦上で講演と勧誘をやってファンを増やし、艦隊まるごと信者にしてしまう。

もちろん「有栖川宮のご落胤である、皇族の血が流れている」というのを知っているから、海軍もそれだけ心を開いたとは思いますが、それにしても、考えられないスケールですよ。

出口　右翼の頭山満《とうやまみつる》とか内田良平あたりも王仁三郎に惹かれていきましたが、たぶん有栖川宮のご落胤だということは知っていたと思いますね。

加治　日本人離れしていたんだろうね。日本人というのは官僚的で、精密機械のように、道を踏み外さないように一歩一歩慎重に事を運ぶけれど、王仁三郎を見ていると、大車輪のはみ出しスケールです。

王仁三郎はアジアにおける活動を重視して中国の軍閥や日本の右翼・頭山満（右）や内田良平（左）とも関係を結んだ

編集部　現代人で王仁三郎に並ぶような人はなかなかいませんね。

出口　みんな小粒ですよ。王仁三郎はまだまだ謎が多いので、調べていくといろいろなことが出てくると思います。日本の歴史の裏の鍵を握っている人物です。

編集部　加治さんの小説に登場する「南皐《なんきょう》団《だん》」というのはモデルはいるんでしょうか。

加治　天皇のすり替えというのはとんでもない国家機密ですから、それを守る組織は当然あるわけです。反対勢力を黙らせる、証拠を消したり写真を焼いたり、仕事は山積みです。あまり語るとこっちも危なくなるから、さらりと流してください。

編集部　ではもう1つだけ。それは秘密警察ではないけれど、体制側の中にあったということでしょうか。

加治　当然そうなります。戦後、民主主義になってきて、そういうことに理解が得られなくなる。予算が取れずに消えますが、残った狂信的な連中でつくるボランティア的といいますか、そんな組織はまだ残っています。

大本弾圧は王仁三郎ご落胤の事実を隠ぺいするためだった？

編集部　ずっと隠し続けて、嘘をつき続けたら、やっぱりいろいろ矛盾が出てきますよね。

出口　もしこれから明治天皇のすり替え問題が明らかになっていくとするなら、それは明治天皇自身の意思でもあるのかもしれませんね。

加治　日本は昔から隠ぺい体質がずっと続いていて、今もそうですよ。各省庁にはそれぞれ莫大な埋蔵金があるとかいわれているけど、あれだってよくわからない。調べないんだもの。
古墳の中身も見られないし、宮内庁だって資料を公開しない。隠ぺいされたまま国民が満足しているんです。
学校で習ったまま暗記して、それをずっと継承していけば安泰だと思っている。「民はこれに由《よ》らしむべし、これを知らしむべからず」（人民は従わせておけばよく、その本当の中身を知らせる必要はない）です。もうそんな時代ではないのにね。

出口 仮に南朝天皇に替わっているとすると、北朝系である有栖川宮と和宮は悲劇ですよね。最初は祭り上げられながら、どんどん追い詰められて、最後は有栖川宮は切腹させられ、和宮は殺された。
もしこの推理が正しいとすると、本当にかわいそうですよ。それに、もし王仁三郎が有栖川宮のご落胤だとすると、それも悲劇ですよね。

加治 王仁三郎は、じくじたる思いどころではなかった。それこそ怒髪《どはつ》天を衝く、憤怒《ふんぬ》ですよ。

出口 しかも弾圧されていく。ものすごくドラマチックですよね。

加治　ただ、僕から見たら、王仁三郎というのはずいぶん楽天家なんですね。

出口　楽天家です。

加治　だから助かっているのであって、性格が暗かったら自殺していたかもしれない。

出口　この重みに持ちこたえられないでしょうね。

加治　施設ごとダイナマイトでぶっ飛ばしたとか、政府の弾圧は異常です。

出口　なおの墓も全部掘り起こして、中まで破壊しています。徹底的にこの世から抹殺しようとしていたんですね。

加治　証拠をすみずみまで探して、それを徹底的になくす作戦。

出口　八木清之助の書いた天誅のさらし首の絵を見ても、あの時代からの日本は異常ですよ。新撰組も尊皇攘夷派も、お互いに暗殺、暗殺で、邪魔者はすべて殺せというのが当たり前の風潮が幕末からずっと続いている。

加治　今の感覚で考えるから、孝明天皇とか徳川家茂が暗殺されるわけがないと思ってしまうけれど、対立し、歯向かってくるやつは殺すというのがまず最初の選択肢です。すきあらば抹殺する。「殺せなかったらどうするか」ってときに、次に平和的な手段を考える雰囲気です。

出口 幕府側と倒幕派と、ともにテロ集団を抱えてやっていたわけですからね。もう1つ、薩長が尊皇攘夷から方向転換して倒幕に変わっていくことによって、いろいろな悲劇が生まれていった気がしますね。倒幕ということになると、それぞれのトップの家茂と孝明天皇は当然邪魔ですからね。あの時代は、井伊直弼も含め、みんな殺されている。

加治 問答無用、裁判なし。

出口 天誅でおしまいですからね。

加治 メチャクチャだよ。庶民だって、親は自分の子どもを売ってしまうのは全然珍しくないし、人さらいもいっぱいいる。

下々は13、14の女の子を女郎部屋に売る。遊女、傀儡女《くぐつめ》、白拍子《しらびょうし》、傾城《けいせい》、娼妓、飯盛女《めしもりおんな》……みな同じですが、そういう道徳が当たり前でした。

出口 隠してやったことがいいとは思わないが、今の天皇がニセモノかというと、そうではなくて、日本の歴史の中では、陰でそういった交代というのはいっぱいあったということだと思います。

南朝と北朝、どちらが本当かもわからないわけだし、歴史というのをもっと客観的に捉えていくしかないかなという気がしますね。

編集部　大本はなぜあれだけ徹底的に弾圧されたのでしょうか。

出口　すり替えに関わる邪魔な人間を次々に殺しているわけだから、もし王仁三郎が有栖川宮のご落胤の可能性があると思えば、国家権力をもって当然潰しにかかりますよね。それがすべてではないけれども、理由の1つにはなるかなという気がしますね。

加治　北朝の残党たちや、財を成した孝明天皇の御用達《ごようたし》商人たちが関西にわんさかいるわけです。そういう人たちは薩長明治政府に反発しますね。

新政府としては、反政府的武士勢力と関西の財力が結びついたら大変なことになる。だから、そこは大変神経過敏になっています。

そこに北朝系の出口王仁三郎のようなカリスマが出てきたら、それは脅威ですよ。海軍なんか根こそぎ持っていかれそうになるし、必死に潰そうとするでしょう。

編集部　王仁三郎は何をしようとしていたのでしょうか。もちろん世界平和という純粋な目標もあったと思うんですが、それ以外に皇室の歴史をひっくり返すようなことを考えていたんでしょうか。

加治 あわよくば、という思いに駆られたこともあるでしょうが、そんなバカではありませんね。違う切り口で王仁三郎を見ると、人生をすごく楽しんでいますから。

俳優になったり、歌を出したり、本当に好きなことをやっている。それでいて自分の信念は貫いている。男としてはうらやましい（笑）。

出口 若い頃も、村中の娘を口説いて、恋人がたくさんいたらしい。

加治 出口さんはその血は引いていないんですか。

出口 引いていないです（笑）。

編集部 出口先生のお母様もお父様と一緒に調査をされていたんですか。

出口 原稿は父が書いていたけれども、調査は一緒にやっていました。うちの父はマニアックで、王仁三郎について、とにかく徹底的に調べていました。

編集部 八木清之助のことも、お父様の取材でわかったんですよね。

出口 王仁三郎のことも、父の取材で初めてわかったことが多くて、調べていくと、本当にすごいことがボロボロ出てきたみたいです。

明治維新の真の目的は何だったか

編集部 西郷隆盛本人を撮った写真はないとされていますね。

加治 写真はないと言われていたけれども、西郷が写真を撮らせなかった、とはっきり書いてある文献はないいんです。で、僕は本物のまさに西郷写真だと特定したものを『西郷の貌』（祥伝社）に載せました。

出口 フルベッキ写真に写っているのが本当に西郷だったら、撮らせていることになりますよね。よく言われるのが上野の西郷隆盛の銅像で、あれで精悍《せいかん》なイメージができてしまったけれども、実は全然似ていなくて、別人だと言われていますね。

だから、我々が思っている西郷の顔と実物はだいぶ違っていたのではないかと思う。

編集部 明治維新って結局のところ目的は何だったんでしょうか。

加治 明治維新というのは、下級武士による政権奪取です。そのために自由の利く天皇にすり替える。あとは自分たちが都合よく国を動かす。

考えてもすごいシステムです。それまでの天皇とか殿様をみんな追いやって、岩倉、三条、大久保、伊藤博文など、下級の公武が天下を取ったんですから。

表向きは東北をにらんで江戸に遷都したと言われています。それもあるだろうけれども、みんなが知っている京都にはすり替え天皇を置いておきたくなかったというのが本音でしょう。周囲は昔ながらの公家ばかりじゃ、大室寅之祐も居心地が悪かった。江戸に行った方が伸び伸びできるじゃないですか。

出口 島津久光なんかはだまされたと言ってだいぶ怒ったみたいですね。

加治 まさかのスピードで廃藩置県もやってしまったんだから、そのエネルギーで今の官僚を全部ゼロにして、明治のようにはじめから再出発できたら、すごい（笑）。

出口 世界的にもこんな革命はあまりないでしょうね。藩主を全部追いやって、

藩主・島津忠義の父として藩政の実権を握り、禁門の変以後は公武合体派の主柱となった島津久光

下級藩士たちが天下を取っていったわけですからね。

加治　僕は黒澤明監督の『影武者』という映画を思い出すんです。影武者がだんだんその気になって、本物になっていく。力をつけすぎて、誰も止められなくなるのが、昭和の戦争です。

その後は元に戻して、天皇を本当にお飾りにし、周りの連中が、いいように利用しているだけというね。

出口　邪魔者はことごとく殺されてしまっている。家茂も孝明天皇も、もしかしたら明治天皇もそうだろうし、和宮も有栖川宮も死に追いやられてしまった。

その一方で、徳川慶喜は出世していますね。有栖川宮熾仁親王が維新後すぐに正妻を迎えるんですが、これが慶喜の妹で、これは考えたらおかしいですよね。だって、幕府を攻めている側の大将である有栖川宮と、攻められている側の慶喜の妹が結婚する。これは裏で手を握っていたと考えるしかない。

お互いに敵の大将同士だから憎しみ合っているはずで、妹と結婚させるなんて、普通の感覚ではあり得ないと思うんですね。

加治 だって慶喜は薩長の協力者ですから、熾仁に対する懐柔策ですよ。決して幸せな結婚じゃなかった。

天皇マネーと米国債不法所持事件の闇

編集部 本書のテーマである明治天皇のすり替えからは離れますが、天皇の財産や、戦時中に大陸で稼いだたくさんのお金は、終戦後にどうなったのでしょうか。

加治 明治天皇は鉄道から何から大企業の株をほとんど持っていて、莫大な配当金を受け取っており、日本一の金持ちだった。そのお金でダイヤモンドを世界中から買ったというのは有名な話です。でも、そのダイヤは一切出てきていない。では、いったいどこにあるのか？　皇居にあるという説もあるけれども、大東亜戦争で敗戦ともなれば皇居だって家捜《や》しされるだろうし、天皇制が廃止になるかもしれないわけだから、ひそかに運び出して、どこかに隠したといううわさは絶えません。

個人的には、**赤十字の船でスイスに持っていったという話の方が信憑性があると思う。**

編集部 スイス銀行に預けられたお金は、今はどうなっているのでしょうか。

加治 まだあるでしょうなあ。

編集部 とんでもない額の国債をスイスに持ち込もうとした2人組がイタリアで逮捕されたという事件がありましたね。あれはちょっと報じられただけで、その後、全然報じられない。

あれも天皇マネーに関わっていたのではないかと言われていて、何か裏がありそうですね。

加治 僕はアンティークコインのオークションで毎年スイスに行くんですが、その話、向こうでは有名です。いったいどうなっているのか、と逆に聞かれました。

100兆円だかのアメリカのケネディ債をバッグの二重底の下に入れてイタリアから国境を越えようとして、スイスに入る寸前に2人の日本人がイタリアの秘密警察に捕まった。

※とんでもない額の国債をスイスに持ち込もうとした「キアッソ米国債事件」「キアッソ事件」「13兆円米国債不法所持事件」等と呼ばれる。2009年6月3日、イタリアとスイス国境にあるキアッソ駅を経由して、スイスへ入境しようとしていたスーツ姿の日本人2人組が、その所持品から地元キアッソ当局とイタリア財務警察に拘束された事件。彼らが所持していたカバンには、額面5億ドル249枚および10億ドル10枚など、総額1345億ドル（約13兆円）相当の巨額の米国債が入っていた。2人が保有していた米国債の総額は、当時の英国の保有額1280億ドルを抜いてロシアの1380億ドルに迫り、中国、日本、ロシアに継ぐ世界第4位の保有額に相当した。日本のマスメディアではほとんど取り上げられていない。

イタリア財務警察は、その米国債に関してアメリカの証券取引委員会（SEC）に鑑定を依頼した。コモ財務警察のロドルフォ・メカレッリは、押収された米国債は1934年発行と印刷されており、この年に額面5億ドルのような巨額額面の米国債は存在しなかったはずだと述べたという。2009年6月18日フィナンシャル・タイムズ上で、イタリア警察とアメリカ合衆国シークレットサービス（USSS）は、「所持品は偽造品の可能性が高く、イタリアマフィアの製作物」と結論づけたという。

逮捕されたうちの1人は大蔵財務次官を務めた武藤敏郎氏の義弟で、もう1人は外務省の役人だったという話で、とにかく大物なんです。捕まったときはフジテレビでも大きく取り上げられたし新聞にも出たけれども、その国債はニセモノだったということでチョンチョン。

でも、常識的に考えて、100兆円の国債なんて誰も信用しないでしょう？　スイスに持っていっても換金は至難のわざです。大の大人が、当てもなくそんなものを持っていくなどということは考えられない。

例えば大臣クラスとか財務省のトップクラスとか、政府のハイレベルでスイスのどこかの銀行と話がついていなければ、超高額国債の換金は無理ですよ。だから、何かはあったんでしょう。

本当に不思議な事件です。僕は最初は全然知らなかったけれども、スイスに行くと向こうのやつがいろいろ聞くので、それで調べたんですが、2人の政府に近い日本人が捕まり、すぐ釈放されたことと、100兆円の国債と絡んでいるということしか出てこない。

編集部　何か必要があって換金しようとしていたのでしょうか。

加治　耳に残っているのは自民党のある派閥が資金にしようとしたのではないか。麻生太郎と故・中川昭一がそれを主導していたといううわさです。

10万円金貨発行の裏の目的は米国から金塊を買うことだった

編集部 昭和天皇の記念金貨※の話についても『陰謀の天皇金貨』（祥伝社）という小説で書かれていましたね。最後にその話をうかがってもいいでしょうか。

※昭和天皇の記念金貨
天皇陛下御在位六十年記念硬貨のこと。昭和天皇の在位60年を記念して1986年（昭和61）（一部は1987年）に日本で発行された記念硬貨。臨時補助貨幣でもある。10万円金貨、1万円銀貨、500円白銅貨が発行された。1985年（昭和60）11月18日、中曽根康弘内閣の竹下登大蔵大臣が昭和天皇の在位60年を祝うために金貨を発行する方針を発表した。この背景には次年度の財源確保のためと、貿易摩擦が深刻であったアメリカから金貨鋳造に使用する大量の金（223トン）を購入することでこれを緩和しようとの思惑があったとされる。そのため当局は10万円金貨、1万円銀貨、500円白銅貨を大量に発行することになった。特に10万円金貨は1000万枚と金貨としては異例の大量発行であり、額面だけで1兆円にも上った。しかも金貨1枚あたり金を20g使用していたが、素材の価値が1g1900円（当時）であり製造費込みでも半分以下の原価にすぎなかった。そのためその差益5500億円が国庫に入る見込みであるとされた。
ところが1990年（平成2）1月29日、この金貨の大量偽造が発覚してしまう。偽造された金貨の枚数は10万7946枚に上り、額面が10万円であったため被害額は107億9460万円と巨額になった。偽造事件の詳細は加治将一著『陰謀の天皇金貨』に詳しい。

加治 すべては日本政府のバカげた外交が発端ですよ。あのとき、レーガンと

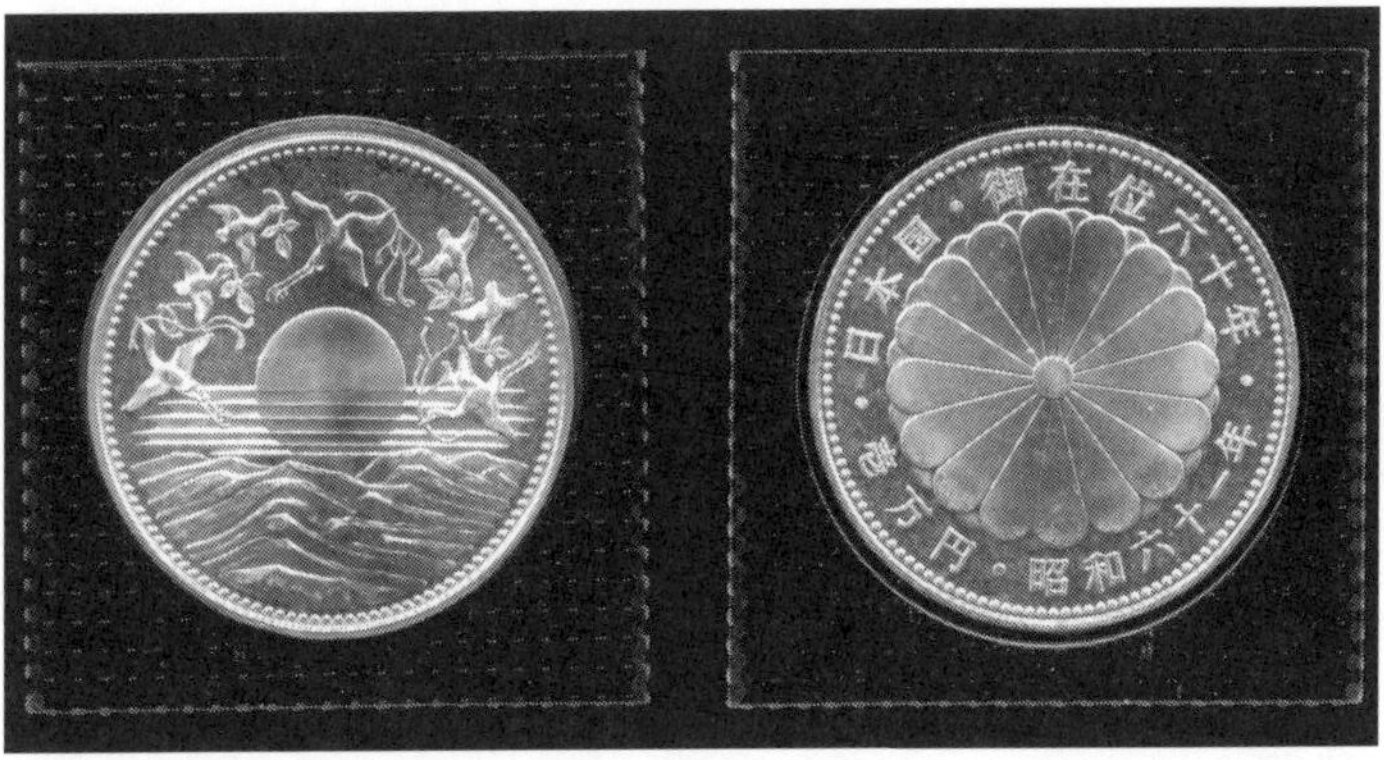

天皇陛下御在位60年記念1万円銀貨

中曽根はロン、ヤスの間柄でした。ヤスが一方的にすり寄っていたというのが実情ですが、そこを突かれて、湾岸戦争に日本も貢献しろと言われた。しかし法的にできない。だが日本はバブル経済真っ盛りで、金はザクザクある。一方で、財政的にアメリカが逼迫し、日米貿易不均衡もあった。

そこで、アメリカから何千億円分の金塊を買うことにした。これで貿易不均衡がかなり解消される。しかし、急に予算を回せば各方面との摩擦が大きくなるので、輸入金で10万円金貨をつくって庶民に売りつけ、肩代わりさせようとしたわけです。

２００万枚つくって売ったけれども、それでも金塊が何十トンか余った。それをどうするか。で、湾岸戦争協力資金に充てたのです。これでメデタシ、メデタシ、湾岸戦争にもバッチリ貢献できました。

ところが、そうは問屋が卸さなかったのです。金塊ごと渡せばいいのに、バカだから10万円金貨にして渡してしまったのが間違いのもとでした。

当時、金貨の原価は3万円ぐらいです。それが10万円の価値があるわけですから、もらった方はそれをスイス銀行に持ち込んで両替すれば7万円分儲かります。小学生でもわかる計算ですね。だから、差額目当てに10万円金貨をせっせせっせとスイス銀行に持ち込んだ輩がいた。

そして、それがまた日本に持ち込まれた。例えばスイス銀行から8万円で買っても日本では10万円になる。スイスで買って日本に持ち込む業者が現れて、100億円ぐらい日本に入ってきた。

これはマズい。明るみに出れば陰謀が発覚する。

それをやっている業者を捕まえたいけれども、コイン業者は、スイス銀行から本物のコインを輸入しているだけで、違法行為は何ひとつしていない。何が悪いんですかという話になる。そいつは10カ月ぐらい続けていたが、突然取り調べを受けるんです。容疑はコインの偽造です。警視庁は大蔵省からの指示で取り調べられたけれども、妙なことに偽造の確証が得られない。

だって、本物ですから。

編集部 これは政府が陰で糸を引いていたわけではなくて、あくまで業者がやっていた話なんですか。

加治 国は売りっ放しで終わり。それでアメリカに対する義理は果たしたわけですよ。

多国籍軍は、アラブの部族のリーダーたちに軍資金として10万円金貨をそのまま渡してしまったわけです。もらった方は、金《きん》だと3万円だけど、金貨として売ればもっと儲かるということで、スイスの銀行にせっせと持ち込んだ。

スイス銀行は現地のコイン業者に売る。コイン業者は日本に持ってくる。日本のコイン業者は銀行に持っていって両替する。みんなそれぞれ違法なことはしていません。

10万円金貨というのは日本でしか売り出していないのに、なぜ大量にスイスから出てくるのかという話になって、何も知らない警察が動かされて、スイス銀行に何回も行って調べたんです。警察はいきさつを知らないから。大蔵省に本物みたいですが、という報告しか上げられない。

大スキャンダルになってしまうので、上から捜査はやめろとストップをかけ、10カ月で捜査は突然打ち切り。

僕はそれを取材して小説を書いたら、大蔵省寄りだった古株のコイン業者から出版社の方に、そんなでたらめを書くんじゃないという長々と書かれた抗議文が来た。また、去年（2014年）になって、ひょっこりと彼から日本のコイン業者に手紙が届いたんです。

もうガンで死にそうだということで、「大変申し訳ない。あそこに書かれていることは全部本当でした。死ぬ前に真実を語りたいので、当時のことをつづりますが、よろしいでしょうか」と書いてあった。これで僕の取材力はすごかったんだと思ったけれども、それにしては、あの本はあんまり売れなかったね（笑）。

第4章のポイント

・すり替えに関わる人間がどんどん消されていく中で、大本も弾圧された？

・明治維新は下級武士の政権奪取と自由にできる天皇にすり替えるために起こされたのではないか

・米国債不法所持事件は天皇マネーが関わっているのではないか

あとがき

加治将一

今この一瞬は、次の瞬間にはもうありません。「歴史は存在しない」のです。

このことを、皆さんの頭にしっかりと入れてほしいと思っています。

かつてあなたがそこにいたけれども、あなたがいなくなったら、もうあなたがいたという証拠はおそらくどこにも残っていません。

ですから、歴史というのは、例えば、司馬遼太郎の歴史、加治将一の歴史というのはあるけれども、絶対的な、これが正しいというい わゆる「正史」なるものはないのです。

坂本龍馬はいったい誰が殺したのか？

龍馬の暗殺については、テレビその他でいろいろやっています。僕もテレビに3回ほど出演しました。

視聴率も非常に高かったんですが、あまりにも危ない話だということで、肝心なところはお得意の自主規制、ほぼ全面カットです。世間の空気というより、お上の空気を読む、いや読みすぎて、自分たちでタブーをつくってしまっているのが、情けない日本のメディアなのですよ。

龍馬の暗殺については、公に認められている事実を調べていくと、本書で挙げているように、おかしな点だらけです。しかし、世の歴史家や学者は、おかしいと思わない。

そして、いまだに新撰組だろうとか、京都見廻組という枠におさめたままです。無難だからです。

皆さんは、倒幕や尊皇攘夷というのは一枚岩だと思っているけれども、実は歴史的にはそんなことは絶対にないんです。

例えば、パレスチナだって、穏健派の「アルファタ」と「ハマス」という過激派が殺し合いをしています。ソビエトも、「ボルシェビキ」や「メンシェビキ」という過激派と穏健派が殺し合いをしている。どこでも似たようなもので、日本でも、革マルだ中核だと、内ゲバをやっている。

龍馬を暗殺したのは、新撰組でも京都見廻組でもない。皆さんが探偵になって考えれば、内ゲバ以外ないなと納得していただけるのではないかと思います。

坂本龍馬は、平和革命路線で、勝海舟を通じて徳川慶喜、将軍家とつながっていました。慶喜と勝海舟は坂本龍馬がいなくなったことで平和革命派は終わったと判断し、幕府軍をズタズタにしていきます。旗本八万騎と言われていたのに、鳥羽・伏見で戦った幕府軍はたった2000〜4000人だったのはそのためです。

龍馬の死によって幕府軍は壊滅した。龍馬は最後のキーマンだったんです。

それから、和宮や睦仁親王についても、拙著『幕末　戦慄の絆』（祥伝社）では数々の謎解きを試みました。そして、『幕末維新の暗号』（同）は明治天皇はすり替えられているという衝撃的な小説です。

読んだら皆さんショックで眠れなくなるかもしれません。講演会をやると、私の話を聞いた後、夜寝られなくて、3時頃まで起きていたという人が何人もいます。

日本は『日本書紀』という正しい歴史を書いて残そうとした。しかし、わざわざ正しい歴史を残そうとしたということは、それはやはり正しくないということです。こんなに過去の正史にこだわる国は、世界広しといえども日本だけです。なぜそうしなければならないのか？　万世一系と言い切ってしまっている天皇制の上に国家が成り立っているからです。

本書をきっかけに、正史とされていることはかなりデタラメだということ。「怪しいな」と思ったら、ご自分の目で調べて確かめるという視点を持っていただけたなら、著者としてはこんなうれしいことはありません。

［資料］昭和34年2月5日付　調査団宛の手紙

前略

突然此《こ》の様な事を申し上げ失礼ですが、此の度の和宮様御墓発掘の事を知り、さもありなんと心にうなずくものがありましたので、一寸、申上《もうしあ》げてみたくなりました。

実は私の祖母は御祐筆として和宮におつかへし、其《そ》の最期を見とどけた者でございます。明治維新後（祖母の年を逆算しますと、明治4年か5年と思はれます。宮の御逝去は10年との事ですが、一切は岩倉具視が取しきった事とて、其の時まで伏せておいたのかと思はれます）。

岩倉卿と祖母が主になって、小数の供廻りを従へ、御手回り品を取《とり》まとめ、和宮様を守護して京都へ向う途中、箱根山中で盗賊にあひ（多分、浪人共）、宮を木陰か洞穴の様な所に（勿論お駕籠）おかくまひ致し、祖母も薙刀《なぎなた》を持って戦ひはしたものの、道具類は取られ、家来の大方は斬られ、傷つき、やっと追ひ拂《はら》って岩倉卿と宮の所に来て見たところ、宮は外の様子で、最早之《これ》までと、お覚悟あってか、立派に自害してお果てなされた。後、やむなく御遺骸を守って東京に帰り、一切は岩倉卿が事を運び、祖母は自分の道具、おかたみの品を船二隻で郷里に帰った由（大方は其後、倉の火事で焼失との事）、其後、和宮の御墓所を拝した時、御墓所の玉石をいただき、後年まで大切にしていたそうです。

以上の事は母が幼時に聞き覚えていたと、私に語ったものですが、以上の様な訳で、お手許《てもと》品も何も入れず、密かに葬って後、発表したものと思われます。戦後、小説に芝居に、和宮の御最期を有栖川宮との思出《おもいで》をのみ胸に、亡くなられた様な場面をみせてゐるのを心外に思ってゐたものです。

然《しか》し祖母の遺品、書物の少し許《ばか》り残って居りました物は20年春、疎開の時、最早、日本の終りと考へて皆、他の書類などと共に焼棄《やきす》てた為、聞き知ったご最後を申し出す証拠もなく、残念に思って居りました。徳川家の記録には此の御最期の事が正しく載って居りますでせうか。

皇室も徳川家も現在では何も伏せる事はないと思ひますから、家の為、ご崇高な御一生を過《すご》された和宮様を正しく維新史を飾る一頁に伝へたら如何でせう。御発掘の有様を見て心から迸《ほとばし》るものがありましたので乱筆を走らせました。私やがて58老女、他出も余りせず居りました為、何かと出ずら《ママ》はしさを避け、匿名で申上ます事をお許し下さい。(『骨は語る　徳川将軍・大名家の人びと』鈴木尚東京大学出版会のあとがきより引用した。ルビは編集部が付した)

幕末維新年表

嘉永6（1853）

2月2日	関東地方で大地震発生。小田原を中心に被害多数。
6月3日	アメリカ・東インド艦隊司令ペリー、軍艦4隻を率いて浦賀沖に到着する。国書受取を要求。浦賀奉行与力・中島三郎助と通詞・堀達之助が交渉に当たるが、長崎回航は受け入れられなかった。
6月9日	ペリー、久里浜に上陸し、浦賀奉行・戸田氏栄、井戸弘道と会見し、国書を渡す。艦隊4隻が江戸湾を周回。
7月3日	幕府、前水戸藩主・徳川斉昭を海防参与に登用。
7月18日	ロシア使節・プチャーチンが率いるロシア極東艦隊が長崎に入港、国書受け取りを要求。
11月7日	幕府、アメリカから戻っていた中浜万次郎（ジョン万次郎）を登用、普請役格とする。

嘉永7・安政元（1854）

1月16日 前年の予告通り、ペリー、軍艦7隻を率いて江戸湾に来航。
1月29日 阿蘇山噴火する。
3月3日 幕府、日米和親条約（神奈川条約）調印。下田と箱館が開港する。
3月27日 吉田松陰、下田のペリー艦隊に乗船し、密航を企てるが失敗。
5月25日 幕府、日米和親条約付録（下田条約）調印。オランダ、ロシアとも条約締結。
6月11日 土佐藩参政・吉田東洋、開国を主張して解任される。
8月23日 幕府、日英和親条約を調印。長崎・箱館の2港が開港。
9月2日 幕府、オランダに対して下田と箱館の2港を開港する。
9月18日 プチャーチン大坂湾に投錨。
12月21日 幕府、日露和親条約に調印。下田・箱館・長崎をロシアに開港。

安政2（1855）

3月12日 英国軍艦3隻、箱館に入港。

10月2日	夜、江戸で直下型大地震発生（安政の大地震）。死者7000人以上。下町は壊滅し、藤田東湖が圧死する。
12月23日	幕府、日蘭和親条約を調印。

安政3（1856）

8月5日	アメリカ総領事・ハリス、下田に着任。下田玉泉寺をアメリカ仮領事館とする。

安政4（1857）

5月26日	治外法権などを定めた日米和親条約修補条約（下田協約）が締結される。長崎開港。
7月	米軍艦ポーツマスが下田に入港。
8月25日	広島・松山・大洲などで大地震。

安政5（1858）

4月23日　将軍・徳川家定、井伊直弼を大老に任命する。
5月　コレラが長崎で発生。
6月19日　幕府、日米修好通商条約に調印。神奈川、長崎、新潟、兵庫開港。
7月4日　将軍・徳川家定死去。徳川家茂（慶福）、第14代将軍に就任。
7月10日　幕府、日蘭修好通商条約に調印。
7月11日　幕府、日露修好通商条約に調印。
7月18日　幕府、日英修好通商条約に調印。
7月　コレラが大坂、京都、江戸へ拡大。
8月8日　幕府、将軍・家定の死去を公表。
9月3日　幕府、日仏修好通商条約に調印。
11月16日　西郷隆盛と尊皇攘夷派の僧侶・月照が入水。月照は死亡し、西郷は助けられる。幕府の目を隠すため、名を変えて奄美大島に。

安政6（1859）

5月26日　イギリス駐日総領事オールコックが着任。

7月27日　ロシア海軍士官ら3人が横浜で日本人数名に襲われる。2人が死亡、1人が負傷。この年、安政の大獄。フルベッキ来日。

安政7・万延元（1860）

1月13日　勝海舟、福沢諭吉、ジョン万次郎などが、咸臨丸でアメリカへ出航。

2月26日　咸臨丸、サンフランシスコに到着。

3月3日　桜田門外の変。大老・井伊直弼、桜田門外で暗殺される。

11月1日　幕府、和宮内親王の徳川家茂への降嫁を発表。

12月1日　孝明天皇、幕府の外交政策に怒り、和宮降嫁が延期となる。

12月5日　アメリカ公使館通訳のヒュースケン、薩摩藩士に殺害される。

万延2・文久元（1861）

5月28日　水戸浪士ら、東禅寺のイギリス公使館を襲撃。

10月20日　皇女・和宮の一行が京を出発し、11月15日に江戸に到着。

文久2（1862）

7月6日	幕府、一橋慶喜を将軍後見職に任命。
8月15日	イギリス外交官アーネスト・サトウ、来日。
8月21日	島津久光の行列を乱したイギリス人を薩摩藩士が殺傷した生麦事件勃発。
閏8月1日	幕府、会津藩主・松平容保を京都守護職に任命。
11月	上野彦馬、長崎に写真館を開設する。
12月12日	高杉晋作ら、イギリス公使館を放火する。

文久3（1863）

1月	グラバー邸完成する。
3月4日	将軍・徳川家茂、3000人を率いて入京し、二条城に入る。
4月11日	孝明天皇、石清水八幡宮に行幸し、攘夷を祈願する。
6月13日	徳川家茂、江戸に帰るため大坂港を出発。

7月2日　生麦事件報復のため鹿児島湾に来襲したイギリス東洋艦隊と薩摩藩が交戦（薩英戦争）。双方とも損害が大きかったが同年11月横浜で和議が成立。

8月19日　七卿落ち。公武合体派に敗れた尊皇攘夷派の公卿・三条実美ら、七卿が京都を脱出、長州藩に落ちのびた。

文久4・元治元（1864）

6月5日　池田屋事件。新撰組が京都三条の旅宿・池田屋で会合中の尊攘派志士を襲撃した。

6月15日　五稜郭完成。

7月19日　禁門の変。長州藩が、形勢挽回のため京都に兵を進め、会津・薩摩藩などの兵と蛤御門付近で交戦して敗れる。

8月2日　第1次長州征伐。

12月16日　高杉晋作・伊藤博文らが率いる力士隊が、下関新地会所を襲撃。

12月27日　幕府、長州領から撤兵する。

元治2・慶応元（1865）

3月17日	毛利敬親、倒幕論を決定する。
閏5月	坂本龍馬ら長崎に亀山社中を興す。龍馬、下関で桂小五郎と会見。
閏5月18日	パークス、イギリス公使に着任。
10月	西郷隆盛、兵を率いて上洛。

慶応2（1866）

1月24日	京都・寺田屋に滞在中の龍馬が、伏見奉行所の幕府役人に襲撃され、負傷。
6月8日	幕府、長州藩を攻撃（第2次長州征伐）。
7月20日	徳川家茂、大坂城内で死去。
8月20日	徳川慶喜、第15代将軍に就任。幕府、家茂の死亡を発表する。
12月25日	孝明天皇崩御。

慶応3（1867）

1月9日　睦仁親王、践祚。
6月　東海・近畿でええじゃないか踊りが流行。
7月26日　西郷隆盛、アーネスト・サトウと会見。
10月14日　徳川慶喜、大政奉還を上奏。朝廷これを勅許する。長州藩に倒幕の密勅が下る。
10月15日　明治天皇、大政奉還を勅許。
10月24日　徳川慶喜、朝廷に将軍職返上を奏請。
11月15日　坂本龍馬・中岡慎太郎、京都近江屋で襲撃され、坂本龍馬死亡。2日後、重傷を負っていた中岡慎太郎も死亡。
12月9日　王政復古の大号令。幕府を廃絶し、総裁・議定・参与の三職の設置が決定する。

慶応4（1868）

1月3日　鳥羽・伏見の戦い。大坂在城の幕兵および会津・桑名の藩兵が、徳川慶喜を擁して鳥羽・伏見で薩長軍と戦ったが、幕府軍が敗退し、慶喜は江戸に帰った。

明治元（1868）

1月8日	徳川慶喜、大坂城を出て江戸に戻る。
2月9日	新政府、有栖川宮熾仁親王を東征大総督（征討大総督）に任じる。
2月13日	徳川慶喜、寛永寺で謹慎。
3月13日	江戸高輪《たかなわ》の薩摩藩邸で、幕府全権・勝海舟と西郷隆盛が会談。
3月14日	明治天皇、天地の神々に誓うという形式で五箇条の御誓文（明治新政府の基本方針）を発する。
4月11日	江戸城、無血開城。
5月3日	東北25藩は仙台藩を盟主として奥羽越列藩同盟を締結。
5月15日	彰義隊、上野で新政府軍と戦い敗退（上野戦争）。
7月17日	江戸を東京と改称する詔書が発せられる。
8月19日	旧幕府海軍総裁・榎本武揚ら、8隻の旧幕府軍艦を率いて品川沖を脱出し、奥羽列藩同盟軍を支援するため北上。
8月23日	新政府軍、会津若松城を攻撃。白虎隊士20名が飯盛山《いいもりやま》で自刃。

9月8日 明治に改元。
9月22日 会津藩、新政府軍に降伏。
10月13日 東京城（旧・江戸城）へ天皇が入城し、ここを皇居と定めた。
10月25日 榎本武揚ら、箱館の五稜郭を占拠。

明治2（1869）

1月5日 横井小楠、暗殺される。
5月11日 新政府軍、五稜郭に総攻撃を加える。同日、土方歳三、戦死。
5月18日 五稜郭陥落。榎本武揚ら降伏し、戊辰戦争は終結した。
8月15日 蝦夷地を「北海道」と改称する布告。

明治3（1870）

7月14日 廃藩置県を実施。

11月12日　岩倉使節団派遣。岩倉具視を特命全権大使として友好親善、条約改正、および欧米先進国の文物視察と調査を行う。

明治5（1872）

7月19日　参議・西郷隆盛、陸軍元帥・近衛都督になる。

明治6（1873）

8月3日　西郷隆盛、征韓の意見書を太政大臣・三条実美に提出。

10月24日　明治天皇、朝鮮遣使を却下する。西郷隆盛、辞職し鹿児島へ帰郷。

明治7（1874）

1月14日　右大臣・岩倉具視、赤坂で襲撃され負傷（喰《くい》違《ちがい》の変）。

2月1日　佐賀の乱。佐賀県下の士族が中心となって反乱を起こした。

3月29日　佐賀の乱の首謀者・江藤新平ら逮捕される。4月13日、江藤新平が処刑される。

明治9（1876）

3月28日　廃刀令発布。

12月3日　警視庁大警視・川路利良、鹿児島県出身の警部・巡査の中原尚雄らを「休暇帰省」と称して鹿児島に潜入させる。

明治10（1877）

2月15日　西南戦争（西郷隆盛を中心とする鹿児島士族の反乱）。西郷隆盛、1万5000の兵を率いて北上。

9月24日　鹿児島県城山《しろやま》陥落。西郷隆盛ら自刃し、西南戦争が終結。

明治11（1878）

5月14日　内務卿・大久保利通、東京・紀尾井坂で暗殺される（紀尾井坂の変）。

加治将一　かじ まさかず
1948年、札幌市生まれ。米国でビジネスを手がけ、帰国後、執筆活動に入る。『ビバリーヒルズ・コンプレックス』（文藝春秋）で作家デビューし、ベストセラーとなった『企業再生屋が書いた　借りたカネは返すな！』（アスコム）をはじめ、日本初のメンタルセラピー小説『アルトリ岬』（PHP 文芸文庫）、フリーメイソンの真実に迫った『石の扉』（新潮社）など、常に話題作を発表し続ける。明治維新の裏面を描き、坂本龍馬暗殺犯を特定した『龍馬の黒幕』（祥伝社文庫。『あやつられた龍馬』を改題）は3度、テレビで映像化。ユニークな歴史観、世界観からテレビ出演や講演も多くこなしている。
主な著書に望月先生歴史シリーズ、『幕末維新の暗号　上・下』『舞い降りた天皇　上・下』（以上、祥伝社文庫）、『失われたミカドの秘紋』『西郷の貌』『陰謀の天皇金貨』『ビジュアル版 幕末 維新の暗号』『幕末　戦慄の絆』『2015最新版　カネはアンティーク・コインにぶちこめ！』（以上、祥伝社）など。

http://www.kaji-room.com/

出口 汪　でぐち ひろし

大預言者・出口王仁三郎を曽祖父に持つ。1955年、東京都杉並区に生まれる。以後、東京都内、愛知と転々と引っ越す。父・和明の執筆活動のため京都・亀岡に転居。関西学院大学文学研究科博士課程修了。代々木ゼミナールに転職。すべての大教室を満杯にするなど、一躍、伝説的な人気講師となる。旺文社のラジオ講座で爆発的な人気。『現代文入門講義の実況中継』（旺文社）が大ベストセラーに。東進ハイスクールに転職。教材開発・出版を目的とした水王舎を設立。『システム現代文』シリーズなど、ベストセラーを刊行。長年構想してきた、論理力を要請する言語プログラム「論理エンジン」を完成。高等学校を中心に教育改革に取り組む。小学生から社会人まで、論理力養成のための「出口汪の日本語トレーニング」が反響を呼ぶ。

教育改革のため開発した「論理エンジン」は、現在、私立だけでも200以上の高校が正式採用。

主な著書に、『出口汪の新日本語トレーニング』（小学館）、『小学国語レベル別問題集』『国語レベル別問題集』『現代文レベル別問題集』（東進ブックス）、『NEW　現代文講義の実況中継』（語学春秋社）、『システム中学国語』『出口のシステム現代文』シリーズ（共に水王舎）など、数十点に及ぶベストセラー参考書を執筆。

また、『「論理力」短期集中講座』（フォレスト出版）、『源氏物語が面白いほどわかる本』（中経文庫）、『再発見夏目漱石』（祥伝社新書）、『出口式脳活ノート』（廣済堂あかつき出版）、『大人の「論理力」が身につく！　出口の出なおし現代文』（青春出版社）など多岐に渡る執筆で今までの累計部数は600万部を超える。近刊に『王仁三郎の言霊論理力』（ヒカルランド）、『京大現代文で読解力を鍛える』（大和書房）、『出口汪の「日本の名作」が面白いほどわかる』（講談社＋α文庫）、『やりなおし高校国語』（ちくま新書）など。

http://www.deguchi-hiroshi.com/

本作品は、2015年4月にヒカルランドより刊行された『日本人が知っておくべき この国根幹の重大な歴史』の新装版です。

[新装版]
日本人が知っておくべき
この国根幹の《重大な歴史》

第一刷 2023年7月31日

著者 加治将一／出口 汪

発行人 石井健資
発行所 株式会社ヒカルランド
〒162-0821 東京都新宿区津久戸町3-11 TH1ビル6F
電話 03-6265-0852 ファックス 03-6265-0853
http://www.hikaruland.co.jp info@hikaruland.co.jp
振替 00180-8-496587
本文・カバー・製本 中央精版印刷株式会社
DTP 株式会社キャップス
対談写真撮影 中谷航太郎
装幀 三瓶可南子
本文デザイン (有)タイプフェース
編集担当 本間 肇

ISBN978-4-86742-287-8

ヒカルランド　好評既刊！

地上の星☆ヒカルランド　銀河より届く愛と叡智の宅配便

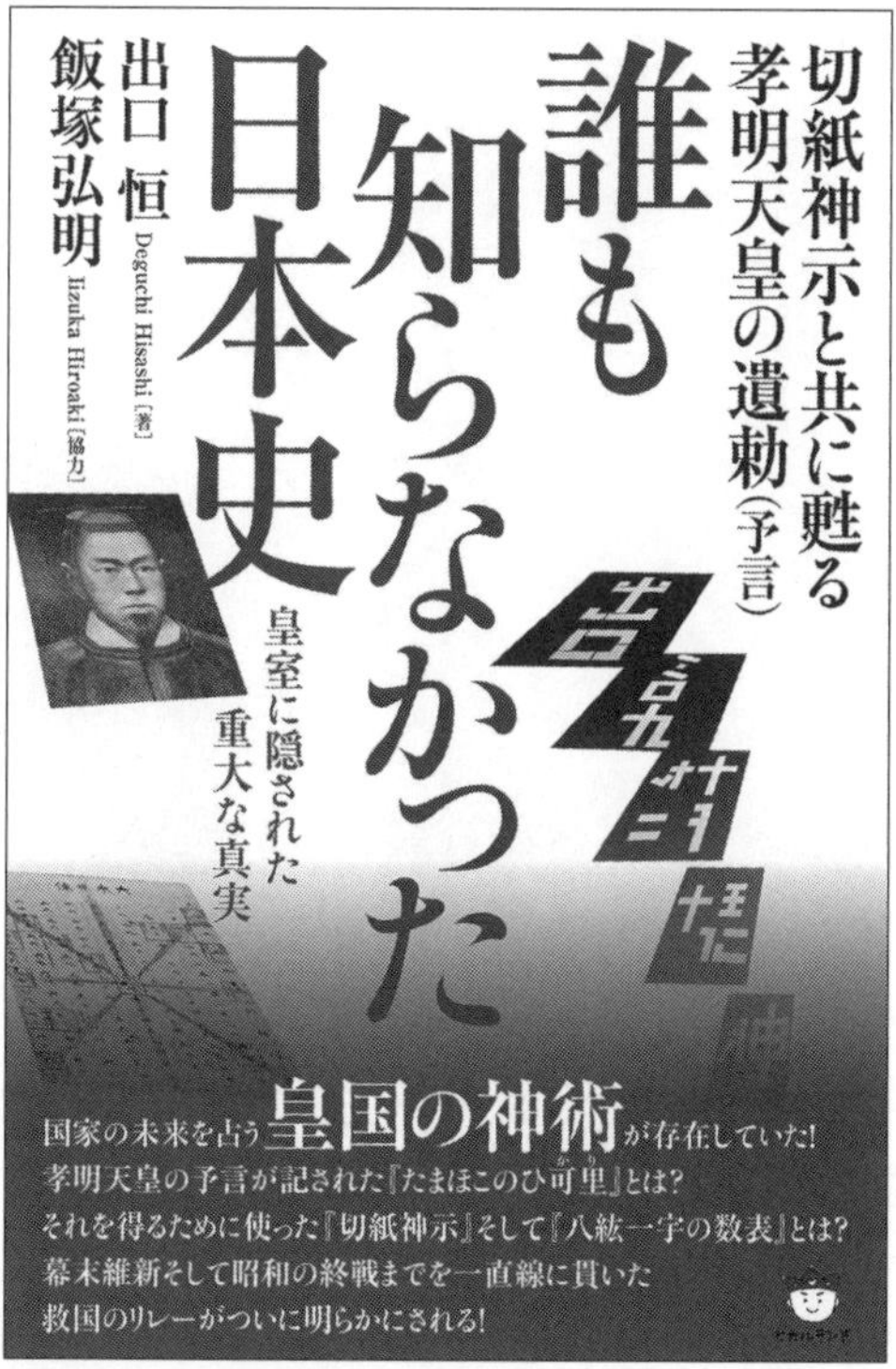

切紙神示と共に甦る孝明天皇の遺勅（予言）
誰も知らなかった日本史
皇室に隠された重大な真実
著者：出口 恒／飯塚弘明
四六ハード　本体 2,000円+税

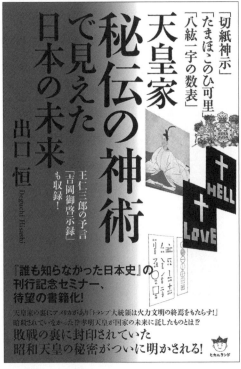

ヒカルランド　好評既刊！

地上の星☆ヒカルランド　銀河より届く愛と叡智の宅配便

教科書では教えてくれない
【新装版】イエス・キリストと神武天皇
茂木誠の世界五大宗教講義
著者：茂木 誠
四六ソフト　本体 1,700円+税

【増補改訂版】「超小型原子炉」なら日本も世界も救われる！
原子力と50年「服部禎男」大激白
著者：大下英治
四六ソフト　本体 1,800円+税